I0795795

«Ser sabio es una virtud que está disponible para todos, pero pocos eligen el sendero largo y lento que ella ofrece. En tiempos de desenfreno, este libro brinda consejos de algunos teólogos y pastores que reflexionan sobre la necesidad imperativa de buscar la sabiduría como un tesoro».

Giancarlo Montemayor
Vicepresidente de Lifeway Global

«Vivimos en la era de la información. ¡Gracias a Dios que las oportunidades para recibir capacitación bíblica han aumentado! En Oseas, Dios dice que su pueblo es destruido por falta de conocimiento. Pero el conocimiento de la Palabra de Dios tiene el poder de salvarnos y conformarnos a la imagen de Jesucristo. Sin embargo, podemos tener conocimiento bíblico y no tener sabiduría. En este libro, el tema de la sabiduría es abordado de manera bíblica, histórica y práctica. Este es un tema que a mí me apasiona. ¡Y cuán necesario es para la iglesia hispanohablante! Considero amigos a varios de los autores de este libro y he visto cómo ellos viven y enseñan la sabiduría bíblica en su vida. Prepárate para un banquete».

Greg Travis
Pastor, plantador, misionero y miembro del consejo pastoral de Soldados de Jesucristo y del concilio de Coalición por el Evangelio

«Vivimos en una generación que le ha dado la espalda a Dios y a su sabiduría. Reina la confusión, la insensatez y la incoherencia. Peor aún, se celebran prácticas y estilos de vida que según la Biblia no son más que necedad. Por esta razón, este libro es como "agua en el desierto". Su lectura me ha refrescado, edificado y sobre todo ha aumentado mi apetito por la sabiduría de Dios».

Héctor Salcedo
Pastor ejecutivo de la Iglesia Bautista Internacional, Santo Domingo, República Dominicana

«Doy gracias a Dios por esta obra tan necesaria. Sin duda el gran mal de nuestro tiempo es que la gente no sabe cómo vivir la vida cotidiana. En estas páginas, hallarás sabiduría de lo alto para cada rincón de tu corazón, si aplicas la verdad de Dios a tu caminar diario. Toma de esta medicina. Lee estas páginas con sumo cuidado. Léelas y vívelas. Y sé un hombre sabio».

David Barceló
Pastor en la Iglesia Evangélica de la Gracia,
Barcelona, España

«El volumen que tienes en tus manos, querido lector, es un recordatorio del concepto esencial de masculinidad como lo define la Biblia a partir del estudio de la sabiduría, algo que debemos recordar tanto como sea posible y aplicar a nuestra vida aún con más frecuencia. Los colaboradores exploran en este volumen, tan minuciosa como sintéticamente les fue posible, la necesidad de ser sabio como varón creyente y discípulo contemporáneo, recorriendo la teología, la historia de la Iglesia, su efecto en las finanzas, el liderazgo, el matrimonio, la paternidad, el manejo de conflictos y la vida de la iglesia, entre otros aspectos. Un recorrido por los apellidos en el índice general traza el registro de estas páginas al idioma de Cervantes. Indudablemente, el lector puede estar seguro de que la experiencia de cada colaborador es empática, paralela y quizá hasta idéntica a la suya propia. Este es un volumen imprescindible en tu biblioteca personal».

David Coyotl
Director editorial, Biblias, Editorial Unilit

«Escuché que la sabiduría es conocimiento aplicado. En tiempos donde la oferta académica abunda para el conocimiento teológico, estoy agradecido por libros como este que ayudan a mover ese conocimiento de forma práctica para aplicarlo a varias áreas de la vida cotidiana».

Juan Moncayo
Pastor en Iglesia La Fuente, Quito, Ecuador,
consejero bíblico certificado por ACBC

«La sabiduría es una virtud que se relaciona con cada aspecto de nuestra vida personal y espiritual; por lo tanto, tener un entendimiento claro de su definición bíblica e histórica es de crucial importancia para cada cristiano. Por este motivo, te recomiendo enfáticamente leer, estudiar y aplicar los principios presentados en este libro, ya que en él, los autores y editores han trabajado fielmente para darnos un excelente recurso que está enraizado en la Palabra, centrado en Cristo y sabiamente aplicado a la vida y práctica cristiana».

René González
Pastor de Adoración y del Ministerio Hispano de Bethlehem Baptist Church, Mineápolis, Minnesota, EE. UU.

«Vivimos en una sociedad que menosprecia y desecha la sabiduría de Dios, y que además quiere reemplazarla por la sabiduría humana de este mundo. Este libro es un excelente recurso para que el cristiano desarrolle una perspectiva bíblica y práctica de la sabiduría que viene de Dios, que es tan necesaria para poder discernir en medio del mundo torcido en que vivimos. No te arrepentirás de leer este recurso».

Moisés Gómez
Pastor, First Irving Español, Dallas, Texas, EE. UU.

LA SABIDURÍA

Libros de la serie «Hombre Renovado»

Dominio propio

El orgullo

La sabiduría

LA SABIDURÍA

LA BRÚJULA ESPIRITUAL DE TODO HOMBRE

DANIEL PUERTO Y JOSUÉ PINEDA DALE
EDITORES GENERALES

EDITORIAL
PORTAVOZ

La misión de *Editorial Portavoz* consiste en desarrollar y distribuir productos de calidad —con integridad y excelencia—, desde una perspectiva bíblica y confiable, que animen a las personas a conocer y servir a Jesucristo.

La sabiduría © 2023 por Soldados de Jesucristo y publicado por Editorial Portavoz, filial de Kregel Inc., Grand Rapids, Michigan 49505. Todos los derechos reservados.

Diseño de cubierta: Pablo Montenegro

Ninguna parte de esta publicación podrá ser reproducida, almacenada en un sistema de recuperación de datos, o transmitida en cualquier forma o por cualquier medio, sea electrónico, mecánico, fotocopia, grabación o cualquier otro, sin el permiso escrito previo de los editores, con la excepción de citas breves o reseñas.

A menos que se indique lo contrario, todas las citas bíblicas han sido tomadas de la Nueva Biblia de las Américas (NBLA), © 2005 por The Lockman Foundation. Todos los derechos reservados.

El texto bíblico indicado con «NVI» ha sido tomado de la Santa Biblia, NUEVA VERSIÓN INTERNACIONAL®, © 1999, 2015 por Biblica, Inc.® Reservados todos los derechos en todo el mundo.

El texto bíblico indicado con «RVR-60» ha sido tomado de la versión Reina-Valera © 1960 Sociedades Bíblicas en América Latina; © renovado 1988 Sociedades Bíblicas Unidas. Utilizado con permiso. Reina-Valera 1960™ es una marca registrada de American Bible Society, y puede ser usada solamente bajo licencia.

EDITORIAL PORTAVOZ
2450 Oak Industrial Drive NE
Grand Rapids, MI 49505 USA
Visítenos en: www.portavoz.com

ISBN 978-08254-5044-0
ISBN 978-08254-7160-5 (Kindle)
ISBN 978-08254-7161-2 (epub)

1 2 3 4 5 edición / año 31 30 29 28 27 26 25 24 23

Impreso en los Estados Unidos de América
Printed in the United States of America

A Claudia, Mabe y Ehiby,
que nos aman y nos tienen paciencia;
mujeres sabias que son un regalo de Dios para nosotros.
¡Las amamos!

Contenido

Colaboradores

Jacobis Aldana, colombiano, sirve en el ministerio pastoral desde 2010, en la fundación de Estudios Bíblicos Alfa y Omega como maestro-directivo, y es miembro fundador de la Red de Iglesias Bíblicas del Caribe Colombiano. Además, sirvió en Soldados de Jesucristo como director editorial. Jacobis es Licenciado en Artes y Estudios Teológicos del Miami International Seminary (MINTS) y candidato a Maestría en Divinidad en Midwestern Baptist Theological Seminary. Contribuyó como escritor en *El orgullo* y *Dominio propio*. Está casado con Keila y es padre de Santiago y Jacobo.

Santiago Armel, colombiano, es pastor en la Iglesia Bíblica Cristiana de Cali en Colombia y sirve también como director de la Conferencia Baluarte de la Verdad. Además, es profesor y directivo en el Seminario de Expositores en Colombia. Santiago fue administrador de la Conferencia Expositores en Los Ángeles, California, por varios años antes de ser enviado a plantar la iglesia en Cali. Ha colaborado en los siguientes libros: *De vuelta a Cristo*, *Declaring His Glory among the Nations* [Declarar su gloria en las naciones], *Siervo fiel*, *En ti confiaré* (dos volúmenes), *El orgullo* y *Dominio propio*. Santiago tiene un M.Div. y un Th.M. de The Master's Seminary. Él y su esposa, Juliana, tienen un hijo: Santiago.

Ricardo Daglio, argentino, es pastor de la Iglesia Bíblica de Villa Regina (UCB) en Villa Regina, Río Negro, Argentina, desde el 2008. Además, fue pastor por 16 años en Salto, Uruguay. Es graduado del Instituto Bíblico Unión de Centros Bíblicos y del Instituto Integridad y Sabiduría. Actualmente es candidato a la Maestría en Ministerio Bíblico en The Master's Seminary. Colaboró como escritor en *De vuelta a Cristo*, *El orgullo* y *Dominio propio*. Ricardo está casado con Silvina y tienen tres hijos: Carolina, Lucas y Micaela.

David González, español, es pastor en la Iglesia Evangélica de Teis en Vigo, España, y sirve como profesor en el Seminario Berea en León, España. Ha contribuido en los siguientes libros: *Siervo fiel*, *En ti confiaré* (dos volúmenes) y *Dominio propio*. David tiene un M.Div. en The Master's Seminary, está casado con Laura y tienen dos hijas: Noa Grace y Cloe Joy.

Josiah Grauman, estadounidense, es decano de educación en español y profesor de Exposición Bíblica en The Master's Seminary. También es uno de los pastores del ministerio en español de Grace Community Church en Sun Valley, California, y autor de los libros *Griego para pastores* y *Hebreo para pastores*. Ha colaborado además en los siguientes libros: *Siervo fiel*, *La hermenéutica de Cristo*, *En ti confiaré* (dos volúmenes) y *De vuelta a Cristo*. Josiah tiene un M.Div. y un D.Min. en The Master's Seminary, está casado con Crystal y tienen tres hijos.

Israel Guerrero, chileno, biólogo, tiene un Máster en Teología del Seminario Teológico de Edimburgo y de la Universidad de Glasgow. Actualmente, está realizando un Ph.D. en Teología Sistemática en la Universidad de Edimburgo, Escocia, y es licenciado en la *Free Church of Scotland* para predicar. Israel es autor de *Teología para toda la vida*, del prólogo a la edición en español del primer volumen de la *Institución de la teología eléntica* de Francis Turretín, así como colaborador de *El orgullo* y de *Dominio propio*. Su pasión es servir en el desarrollo de la teología reformada en los distintos contextos hispanos y así ayudar en la capacitación de los próximos plantadores de iglesias y teólogos. Junto con su esposa Camila y sus dos hijas —Emma y Eilidh— son miembros de la Free Church of Scotland.

Aaron Halbert, estadounidense, sirve en Tegucigalpa, Honduras, como uno de los pastores de la Iglesia Presbiteriana Gracia Soberana. Disfruta largas conversaciones sobre la plantación de iglesias, todo lo relacionado con los Voluntarios de la Universidad de Tennessee, casi cualquier comida hondureña (excepto la sopa de mondongo) y los Tottenham Hotspur. Aaron está casado con Rachel y tienen cinco hijos, a quienes les encanta servir junto a sus padres por medio de la hospitalidad y encontrar formas de establecer relaciones en la iglesia, en actividades de los niños y con los vecinos. Aaron fue colaborador de *Dominio propio*.

Eduardo Izquierdo, mexicano, es pastor en la Iglesia Bíblica de Monterrey en México. Durante cinco años asistió a Grace Community Church en Sun Valley, California, donde sirvió en el ministerio de la música, así como maestro de estudios bíblicos y escuela dominical en el ministerio hispano. Eduardo tiene un M.Div. de The Master's Seminary y se encuentra cursando un Th.M. en la misma institución. Ha contribuido en los siguientes libros: *Declaring His Glory among the Nations* [Declarar su gloria en las naciones], *Siervo fiel* y *En ti confiaré* (dos volúmenes). Eduardo, junto con su esposa Valeria, tienen tres hijos: Gabriel, Marian y Mariel.

Nelson Matus, chileno, es pastor de Redeemer en Español en la ciudad de Álamo, Texas, así como profesor en el Seminario Bíblico Río Grande en Edinburg, Texas. Nelson tiene un B.A. en Teología con énfasis en Ministerio Pastoral del Seminario Bíblico Río Grande y una maestría del Midwestern Baptist Theological Seminary, también con énfasis en Ministerio Pastoral. Actualmente, cursa un Doctorado en Ministerio en Southwestern Baptist Theological Seminary. Colaboró como escritor en *El orgullo* y *Dominio propio*. Está casado con Pakis y tienen una hija: Hadassa.

Rudy Ordoñez, hondureño, es parte de la Iglesia Presbiteriana Gracia Soberana, en Tegucigalpa, Honduras, y está en proceso de ser ordenado como pastor gobernante. Además, sirve como director editorial en Soldados de Jesucristo. Apasionado de la iglesia local, historia de la Iglesia y apologética, le gusta leer mucho y escribir un poco de todo. Además, trabaja como editor y traductor con diferentes ministerios y organizaciones. Rudy es editor de contenido y colaborador en *El orgullo* y *Dominio propio*. Está casado con Ehiby y tienen dos hijos: Benjamín y Abigail.

Josué Ortiz, mexicano, es pastor fundador de la Iglesia Gracia Abundante en la Ciudad de México. Tiene un M.Div. de Bob Jones University y un D.Min. en predicación expositiva de The Master's Seminary. Además, es autor de *Una gran historia* y *El rey y su reino*, así como colaborador de *En ti confiaré* (dos volúmenes) Está casado con Rebekah y juntos tienen tres hijos: Natanya, Santiago y Sebastián.

Josué Pineda Dale, salvadoreño, es pastor de *Outreach* [*Alcance*] y del ministerio en español de Grace Bible Church en Hutchinson, Kansas, así como director de «Hombre Renovado», de Soldados de Jesucristo. Es editor general y uno de los colaboradores de *En ti confiaré* (dos volúmenes), *El orgullo* y *Dominio propio*; editor de contenido de *La hermenéutica de Cristo;* y ha contribuido en *Declaring His Glory among the Nations* [Declarar su gloria en las naciones], *Siervo fiel* y *Un año en los Salmos*. Además, colabora como autor en «Estudios bíblicos para la vida» de LifeWay. Tiene un M.Div. y un Th.M. en Teología Sistemática de The Master's Seminary. Josué está casado con Mabe y tienen tres hijos: Daniel, Valentina y Sebastián.

Daniel Puerto, hondureño, es coordinador editorial de Poiema Publicaciones y director ejecutivo de Soldados de Jesucristo. Estudió en el Instituto Bíblico Río Grande en Edinburg, Texas, y actualmente cursa una maestría en el Southern Baptist

Theological Seminary. Es editor general y colaborador de *De vuelta a Cristo*, *El orgullo* y *Dominio propio*, así como de *En ti confiaré* (dos volúmenes). Daniel está casado con Claudia y tienen tres hijos: Emma, Loikan y Leah.

Roberto Sánchez, salvadoreño, es pastor-maestro de la Iglesia Bíblica Berea en North Hollywood, California, así como decano de estudiantes de educación en español y profesor asistente de Ministerio Pastoral de The Master's Seminary. Es uno de los autores de *La hermenéutica de Cristo*, *En ti confiaré* (dos volúmenes), *El orgullo* y *Dominio propio*. También tiene un M.Div. de The Master's Seminary, un Th.M. de Golden Gate Baptist Theological Seminary y un D.Min. del Southern Baptist Theological Seminary. Roberto está casado con Enza y tienen tres hijos: Jacklyn Nicole, Karen Alessia y Roberto Paolo.

John Édgar Sandoval, colombiano, es pastor plantador de la Iglesia Cristiana Reformada de Bucaramanga, Colombia, y fue ordenado al ministerio por el Presbiterio Andino de la Iglesia Reformada Evangélica Presbiteriana de Colombia. Además, es miembro de la junta directiva del Seminario Reformado Latinoamericano, así como profesor de Teología Histórica y Misiones Reformadas en América Latina. John contribuyó como escritor en *El orgullo* y *Dominio propio*, está casado con Cindy Juliana y tienen dos hijos: Christopher y Francis.

Douglas Torres, venezolano, es profesor del Centro de Capacitación Bíblica para Pastores. Es facilitador del Seminario Teológico Ministerial (SETEMI) y maestro de la Iglesia Bautista Nuevo Amanecer en Trujillo, Venezuela. Es graduado del Seminario Bíblico Río Grande en Edinburg, Texas, y en la actualidad cursa una Maestría en Teología en el Seminario Teológico Bautista de Venezuela. Douglas colaboró como escritor en *El orgullo* y *Dominio propio*, está casado con Erika y tienen dos hijos: Douglas Davet y Naryet Orel.

Heber Torres, español, actualmente trabaja en la plantación de una iglesia en Madrid. Además, es profesor de teología y director del Certificado en Estudios Bíblicos en el Seminario Berea en León, España. Ha colaborado en los siguientes libros: *Siervo fiel*, *En ti confiaré* (dos volúmenes), *El orgullo* y *Dominio propio*. Heber estudió un M.Div. en The Master's Seminary, así como un M.A. en Historia del Cristianismo Primitivo en la Universidad Complutense de Madrid. Está casado con Olga y tienen tres hijos: Alejandra, Lucía y Benjamín.

Adrián Sebastián Winkler, argentino, sirve en la Iglesia Bautista de Lincoln, Buenos Aires, Argentina. También escribe el devocional «Gracia y Sabiduría» junto a su familia, y es el director de traducciones en Soldados de Jesucristo. Además, es profesor de Literatura y está cursando una diplomatura en Biblia y Teología en el Instituto de Expositores de Argentina (IDEAR). Adrián disfruta mucho la música, leer, pasar tiempo al aire libre, hacer cosas con sus manos y, sobre todo, compartir lo que el Señor le enseña por medio de su Palabra. Colaboró como escritor en *El orgullo* y *Dominio propio*, está casado con Karina y tienen dos hijas: Julia y Emilia.

Prólogo

¿Sabes por qué tienes la capacidad de leer y comprender estas líneas? Porque tienes vida y fuiste hecho a la imagen de Dios. Eres un ser ético y relacional, creado para adorar a Dios y disfrutar de Él para siempre. Tenemos valor intrínseco porque, por solo existir, reflejamos a Dios (aspecto *estructural* de la imagen de Dios), y lo que hemos de hacer y cómo hemos de vivir deben reflejar a Dios (aspecto *funcional* de la imagen de Dios). También, a diferencia de los animales, recibimos vida tanto biológica como espiritual. A pesar de lo que postulan algunas filosofías griegas, orientales y algunas sectas, no tenemos una preexistencia espiritual, y mucho menos una eterna. Nuestra vida espiritual también es contingente y, en consecuencia, necesita la provisión de Dios para continuar.

Sin embargo, debido a la caída del hombre en pecado, nos encontramos en una contradicción autoinfligida entre el espíritu y el cuerpo. No nos fue quitada la imagen de Dios (aunque fue distorsionada) y todavía tenemos un espíritu. Esto quiere decir que no nos convertimos en animales debido al pecado y que tenemos una existencia perpetua después de la muerte física. Sin embargo, nuestro espíritu «vivo» no tiene vida *en* Dios. Se encuentra posicionalmente muerto ante Dios y en enemistad con Él. Sin la obra regeneradora del Espíritu Santo por el evangelio de Jesús, nos quedamos navegando en un mar sin timón. En otras palabras, buscamos alivio fuera de Dios. Entonces, nos volvemos pragmáticos, el cual es un estilo de pensamiento y vida que no solo busca saciar las necesidades físicas en islas paradisíacas que solamente son espejismos, sino que confunde caprichos de nuestros corazones perversos con necesidades espirituales.

Por eso existe una «sabiduría» humana que es pragmática, pero que finalmente es engañosa y damnifica. La «sabiduría» del mundo es, a fin de cuentas, una denominación errónea. Ya que Dios es la verdad, toda categoría que un mundo sin Dios intenta usar excluyéndolo a Él es simplemente una mentira. Hoy se habla mucho de amor, tolerancia y aceptación al costo de lo que la Palabra de Dios dice sobre cualquier asunto. El «amor» que niega la verdad de Dios es odio. La «tolerancia» que ignora las advertencias de Dios es opresiva. Y la «sabiduría» que se define sin el temor a Dios es necedad.

Los que estamos en Cristo hemos de reconocer nuestra total dependencia de Dios y solo en Él buscar alimento para nuestro ser. La lucha que tenemos incluye rechazar cualquier sincretismo entre la «sabiduría» del mundo y la sabiduría de Dios. El mismo Dios que provee para nuestras necesidades físicas nos ha diseñado para hallar en Él nuestras necesidades espirituales, las cuales incluyen la adoración. En nuestro caminar con Cristo, y nuestro crecimiento hacia su imagen, debemos cambiar la búsqueda de gloria por su Gloria, así como cambiar la búsqueda de satisfacción por Satisfacción en Él.

Solo la Palabra de Dios nos ofrece la verdad que reemplaza las mentiras que hemos razonado, fabricado y creído. Por eso, si hemos de conocer la sabiduría de Dios y saberla distinguir de todo lo que la contradice, tendremos que encontrarla en su Palabra revelada. Con razón, el apóstol Pablo instruye a «que la palabra de Cristo habite en abundancia en ustedes, con toda sabiduría» (Col. 3:16). Pero esta sabiduría de Dios, la única sabiduría verdadera, incluye más que leer y citar lo explícito en las Escrituras. La sabiduría relaciona la Palabra con todo aspecto de la vida humana.

Muchas veces, la sabiduría discierne implícitamente los principios bíblicos explícitos para la vida revelados en la Palabra de Dios. Incluye saber cómo llevar lo prescrito y descrito en la revelación de Dios a sus implicaciones para toda la vida. El camino de la teoría a la práctica parece ser más un peregrinaje que incluye avances, pero cuyo destino alude a la resurrección. La verdadera sabiduría mantiene una estimación sobria de nuestras presentes debilidades, pero no desmaya, porque se apoya en el poder del Espíritu Santo y en la esperanza en las promesas de Dios para nuestro futuro. El hombre sabio piensa y actúa de acuerdo con una fe y una esperanza escatológicas, no con lo inmediato y pragmático.

El sabio comprende y se regocija en la verdad de que el mayor bien de todo lo creado, y, por ende, su mayor bien, es la gloria de Cristo. El sabio anhela las fuentes de aguas vivas en Cristo, aunque esté rodeado de un mundo que ofrece saciarlo con aguas negras. No se conforma con *solo* ser posicionalmente justificado por la fe, sino que desea caminar al mismo paso que Aquel cuyas ropas blancas tiene puestas. La sabiduría es un añoro que resulta en continuo arrepentimiento para andar como Cristo anduvo (1 Jn. 2:5-6). La sabiduría es un corazón y espíritu rotos porque ve su pecado remanente y clama al Señor para ser rescatado.

La sabiduría: La brújula espiritual de todo hombre, editado por Daniel Puerto y Josué Pineda Dale, ofrece al lector una trayectoria de lo que la Palabra de Dios nos ha enseñado sobre la verdadera sabiduría. También, te llevará por la historia para que conozcas cómo algunos personajes de la Iglesia han respondido a la «sabiduría» del mundo. Comprenderás cómo vivir de acuerdo a la sabiduría de Dios, mientras nuestros corazones y cuerpos esperan la glorificación. Finalmente, como lector serás desafiado a implementar la sabiduría bíblica en cada aspecto de tu vida, tales como el manejo del tiempo y las posesiones, la relación con tu esposa y tus hijos, y tu desempeño en el trabajo y la iglesia local.

Joe Owen
Director de Respuestas en Génesis para América Latina

Introducción

Cuando tenía 15 años (habla Daniel), conocí a un hombre que había leído muchos clásicos de la literatura universal: *Don Quijote de la Mancha*, *Los tres mosqueteros*, *Moby Dick*, las obras de Shakespeare, *Los hermanos Karamazov*, entre una centena más. Había leído varios de esos libros en más de una ocasión y podía citar secciones enteras de memoria. Recuerdo que él tenía una habitación en su casa llena de libros que se había «devorado» con el paso de los años: libros sobre historia, filosofía, ciencia, religión y muchos otros temas. Yo lo admiraba. Para mí era maravilloso conversar con él porque conocía cualquier tema que le preguntara.

No obstante, en su vida, las cosas no iban bien. Su matrimonio había terminado en divorcio, no tenía trabajo porque lo habían despedido de varios lugares, era alcohólico y sus amigos a veces debían ir a buscarlo porque se había emborrachado y caído al suelo.

Nunca olvidaré mi conversación con un amigo mutuo. Le dije: «Es increíble todo lo que ese hombre conoce de literatura, historia, filosofía y muchos temas más. Lo admiro». Mi amigo me dijo: «Daniel, y todo ese conocimiento, ¿para qué le ha servido? Mira cómo vive». El tono de mi amigo no era de burla ni sarcasmo; era de tristeza y pesar ante la vida desperdiciada de alguien a quien él amaba.

Una persona puede estar llena de información y conocimiento, pero no saber cómo vivir en su día a día, cómo cultivar relaciones con otros, cómo administrar su dinero o cómo mantener un trabajo para sostenerse económicamente. Para la vida en este mundo que Dios ha creado, necesitamos más que información y conocimiento. Necesitamos *sabiduría*, la cual solamente viene de Dios, porque «el temor del SEÑOR es el principio de la sabiduría» (Pr. 1:7).

Hoy vivimos en la «Era de la información», estamos saturados de datos.

> Para el año 2020, había 40 veces más *bytes* de datos en Internet que estrellas en el universo observable. Algunos cálculos sugieren que para el año 2025, se crearán 463 *exabytes* de datos por día en línea… ¿Y qué es un *exabyte*? Bueno, considera esto: cinco *exabytes* equivalen a todas las palabras dichas por los seres humanos desde el comienzo de los tiempos. En 2025, esa cantidad de datos se creará cada 15 minutos.[1]

Pero, aunque estamos saturados de tanta información, no podemos ser descritos como una sociedad o cultura sabia según Dios.

> El Antiguo Testamento distingue clara y nítidamente entre sabiduría y conocimiento. No son lo mismo, pues incluso las personas más instruidas y los eruditos más sofisticados hacen necedades. Una persona puede tener conocimientos ilimitados, pero no tener sabiduría.[2]

Con toda razón, Proverbios 4:7 dice: «*Lo principal es la sabiduría*; adquiere sabiduría, y con todo lo que obtengas adquiere inteligencia» (cursivas añadidas).

Ya que «no vivimos en una época que valore mucho la sabiduría»,[3] escribimos este libro para ayudarnos —como hombres cristianos— a considerar nuestra falta de sabiduría y nuestra necesidad

---

1. Brett McCracken, *The Wisdom Pyramid: Feeding Your Soul in a Post-Truth World* (Wheaton, IL: Crossway, 2021), p. 27. Publicado en español por Editorial Patmos con el título *La pirámide de la sabiduría: cómo alimentar tu alma en un mundo posverdad.*
2. R. C. Sproul, *What Is Biblical Wisdom?* (Sandford, FL: Reformation Trust Publishing, 2020), pp. 7-8.
3. *Ibíd.*, p. 10.

de adquirirla para comenzar a andar en esa dirección. Pero esa sabiduría solamente viene de Dios, «quien da a todos abundantemente y sin reproche» (Stg. 1:5). Por eso, este es un libro que tiene una invitación fuerte y clara a conocer a Dios por medio de su Palabra y ser transformados por su gracia en hombres sabios.

Es nuestra oración que nuestro amado Señor tenga a bien usar este libro para su gloria y la edificación de los que son suyos. Oramos que, por la gracia de Dios, los hombres puedan procurar la sabiduría y rechazar la necedad, reconociendo su propio pecado, sus faltas y sus deficiencias. Que este no sea un libro que ojeemos y regresemos al estante, sino que se convierta en un libro de estudio constante, en el que los principios acá vertidos animen al lector a depender del Señor siempre en su caminar hacia la sabiduría.

Cada uno de los colaboradores de este libro reconoce que hay áreas de su vida en las que no ha sido sabio o donde necesita pedir mucha sabiduría de lo alto. Todos coincidimos que la falta de sabiduría es un problema latente en la humanidad, en la iglesia local, en nuestros hogares, en nuestras familias y en nuestras vidas mismas. ¡Cuántos problemas se resolverían si se abordaran con la sabiduría que proviene de Dios!

Por eso, primero establecemos el fundamento bíblico acerca de la sabiduría (Josiah Grauman) y su contraparte: la necedad (Santiago Armel). A continuación, hablaremos de la sabiduría a la luz del libro de Proverbios (John Édgar Sandoval) y de Cristo como la sabiduría de Dios (Heber Torres). Luego, haremos un recorrido por la historia de la Iglesia, descubriendo lo que hombres clave hablaron al respecto en la era de los Padres de la Iglesia (Roberto Sánchez), en la era de la Reforma Protestante (Israel Guerrero), en la era de los puritanos (Israel Guerrero) y en la era moderna (Santiago Armel). Finalmente, abordaremos varios aspectos prácticos, con el fin de cultivar la sabiduría (Josué Ortiz), manejar el tiempo sabiamente (Eduardo Izquierdo), planificar con sabiduría para el futuro (Jacobis Aldana), ser sabio al elegir amigos (Daniel Puerto) y manejar las posesiones que Dios nos ha dado (Nelson Matus). Buscaremos ser un esposo sabio (David González), un padre sabio (Adrián Sebastián Winkler) y un trabajador sabio (Rudy Ordoñez); ser sabio en la iglesia local (Ricardo Daglio) y a la hora de resolver conflictos (Douglas Torres), al liderar (Josué Pineda Dale) y al tomar decisiones (Aaron Halbert), así como caracterizarnos por continuamente crecer en sabiduría (Nelson Matus).

Este libro es el tercero[4] del ministerio de hombres de Soldados de Jesucristo: «Hombre Renovado», y es parte de una serie de libros para hombres cristianos que están en un proceso de santificación —como lo estamos todos los que colaboramos en esta obra—. Damos gracias a todos los que dedicaron tiempo y esfuerzo para poner a disposición del mundo hispanohablante un nuevo recurso que busca ayudarnos a crecer a imagen de Cristo (Ro. 8:29). Esto es un trabajo en equipo, y cada eslabón es fundamental. Damos también las gracias a Editorial Portavoz por animarnos a escribir y apoyarnos en este proyecto. Tito Mantilla, director ejecutivo de Portavoz, nos anima a compartir con ustedes esta visión y pasión por impactar más vidas de hombres que quieran vivir para Dios y su gloria.

Finalmente, no dejamos de agradecer al Señor por la amistad que nos ha dado no solo entre los «tres mosqueteros» (Daniel, Josué y Rudy), sino también con todos los que han colaborado en este volumen. Somos muy diversos, pero unidos en el mismo frente. Estamos todos muy lejos geográficamente los unos de los otros, pero tan cerca como una llamada o un mensaje. ¡Qué interacciones y charlas más enriquecedoras hemos tenido estos años! Estamos expectantes de lo que el Señor continuará haciendo. Que podamos crecer más y más en sabiduría para su gloria.

Daniel Puerto y Josué Pineda Dale
Editores Generales

---

4. Véase el primer libro de la serie «Hombre Renovado»: *El orgullo: La batalla permanente de todo hombre* (Grand Rapids: Editorial Portavoz, 2021), así como el segundo: *Dominio propio: Control en una época de desenfreno* (Grand Rapids: Editorial Portavoz, 2022).

PARTE 1

La sabiduría bíblica

1

¿Qué es la sabiduría?

JOSIAH GRAUMAN

¿Qué es la sabiduría? Si somos honestos, la sabiduría es un término difícil de definir. Casi siempre se hace en términos lógicos, según nuestra opinión o experiencia personal. ¿Acaso la sabiduría consiste en poseer conocimiento o, quizá, implica ser inteligente? ¿Tal vez tiene que ver con ser astuto? Aunque es probable que el mundo responda que sí a las preguntas anteriores, nosotros, los hijos de Dios, no debemos contentarnos con definiciones que no toman en cuenta a nuestro Creador y Redentor. Por esa razón, debemos replantear la pregunta, a fin de enfocarla de manera correcta: ¿Cómo define Dios la sabiduría? Esa es la perspectiva correcta no solo de esta pregunta, sino de todo en la vida. Para responder a nuestra pregunta reformulada, veremos la sabiduría desde cinco características que la Biblia le asigna.

La sabiduría es un regalo de Dios, la fuente de toda sabiduría

Antes de definir lo que es la sabiduría, es importante recalcar que la verdadera sabiduría no se encuentra entre los hombres, pues aun «la necedad de Dios es más sabia que los hombres» (1 Co. 1:25). El contraste es claro y evidente. Por más esfuerzo que el hombre haga, por más que intente, no podrá ser sabio en sí mismo. La sabiduría divina solo viene de Dios, del único y sabio Dios (Ro. 16:27). Santiago 3:17 afirma lo mismo, que la sabiduría viene «de lo alto»; por eso es descrita como «primeramente pura, después pacífica, amable, condescendiente, llena de misericordia y de buenos frutos, sin vacilación, sin hipocresía».

Así que, si queremos encontrar la sabiduría, no podemos buscarla entre los hombres. Tenemos que ir a Dios, directo a la fuente. Y si queremos ser más específicos aún, debemos acudir a la revelación visible de la sabiduría de Dios: su Hijo Jesucristo, «en quien están escondidos todos los tesoros de la sabiduría y del conocimiento» (Col. 2:3). Y a Él lo podemos ver en las páginas de las Escrituras (2 Co. 3:15-18).

Cristo es, entonces, nuestro motivo para buscar la sabiduría. Si queremos ser como Él, necesitamos ser sabios. Necesitamos reflejar su perfecta sabiduría.

La sabiduría solo se obtiene temiendo a Dios

Probablemente, el versículo más famoso acerca de la sabiduría es el que se encuentra en Proverbios 1:7a: «El temor del Señor es el principio de la sabiduría». Alguien que teme al Señor es otra manera de referirse a un creyente: aquel que teme la ira del Señor contra el pecado y corre a Él para recibir perdón. Allí comienza todo: cuando uno cree en Dios y acepta su evangelio. Al contrario, el incrédulo no tiene sabiduría, es un necio, pues «ha dicho en su corazón: "No hay Dios"» (Sal. 14:1). En palabras de Salomón: «los necios desprecian la sabiduría y la instrucción» (Pr. 1:7b).

Santiago 1:5-7 afirma que solo los que tienen fe reciben el regalo divino de la sabiduría:

> Y si a alguno de ustedes le falta sabiduría, que se *la* pida a Dios, quien da a todos abundantemente y sin reproche, y le será dada. Pero que pida *con fe*, sin dudar. Porque el que duda es semejante a la ola del mar, impulsada por el viento y

> echada de una parte a otra. No piense, pues, ese hombre, que recibirá cosa alguna del Señor (cursivas añadidas).

Por lo tanto, si eres hijo de Dios y crees en Él, puedes obtener sabiduría. Solamente, debes acudir a Él y pedirla.

La sabiduría es saber cómo vivir correctamente

En las palabras más sencillas, la sabiduría es saber hacer las cosas de la forma como se deben hacer. En el Antiguo Testamento, la palabra normalmente traducida como sabiduría es «חָכְמָה (*kjokmá*)», que tiene que ver con «la capacidad de comprender y, por lo tanto, tener habilidad para vivir, lo que implica la adhesión a un estándar establecido».[1] Esta destreza de vivir bien puede aplicarse a las cosas más cotidianas de la vida, como coser una vestidura («a quienes Yo he llenado de espíritu de sabiduría, y ellos harán las vestiduras de Aarón», Éx. 28:3) o a la habilidad de mediar correctamente en el pleito entre dos mamás (1 R. 3:16-28).

La sabiduría, entonces, no es mera inteligencia. No es un conocimiento teórico solamente. De hecho, la palabra griega que se emplea en el Nuevo Testamento y que se traduce como «sabiduría», también enfatiza lo práctico que esta es. El diccionario griego define «σοφία (*sofía*)» como «la capacidad de entender y funcionar debidamente».[2] El sabio no solo entiende

---

1. James Swanson, *Dictionary of Biblical Languages with Semantic Domains: Hebrew (Old Testament)* (Oak Harbor, WA: Logos Research Systems, Inc., 1997), «חָכְמָה». Veáse también Ludwig Koehler *et al.*, *The Hebrew and Aramaic Lexicon of the Old Testament* (Leiden, Países Bajos: E. J. Brill, 1994-2000), p. 314.

2. William Arndt *et al.*, *A Greek-English Lexicon of the New Testament and other Early Christian Literature* (Chicago, IL: University of Chicago Press, 2000), p. 934. Es la «prudencia, discreción [...] la capacidad de comprender y, por lo tanto, de actuar sabiamente». James Swanson, *Dictionary of Biblical Languages with Semantic Domains: Greek* (New Testament) (Oak Harbor: Logos Research Systems, Inc., 1997), «σοφία».

una situación, sino que entiende cómo aplicar el conocimiento para actuar correctamente en dicha situación.

Un ejemplo de lo práctica que es la sabiduría se encuentra en la matemática. Es común que el alumno sepa cómo resolver ecuaciones en el aula. Sin embargo, luego cuando se le presenta un problema matemático en la vida real, no entiende cómo aplicar la ecuación correcta a la situación. Tiene conocimiento, pero no sabe cómo aplicarlo a la vida. Al sabio no le pasa esto. El sabio entiende cómo aplicar el conocimiento para actuar de la mejor manera en cada circunstancia. Pero ¿cómo definimos lo que es mejor en cada circunstancia?

La sabiduría se aprende solo por medio de la Palabra de Dios

La única manera de aprender cómo vivir correctamente es vivir como Dios dicta. Andar en sabiduría es hacer las cosas que le agradan a Él. Dios es nuestro Creador, por lo tanto, Él determina cómo debemos vivir. Nunca al revés. De hecho, cuando Pablo enseña que debemos andar como sabios, lo resume diciendo que la sabiduría es hacer la voluntad de Dios: «Por tanto, tengan cuidado cómo andan; no como insensatos sino como sabios, aprovechando bien el tiempo, porque los días son malos. Así pues, no sean necios, sino entiendan cuál es la voluntad del Señor» (Ef. 5:15-17).

Por lo tanto, la manera de andar sabiamente es buscar agradar a Dios en todo. Es decir, yo no determino lo que es mejor en cada circunstancia. Yo no defino lo que es bueno. Solamente el Creador establece las leyes de su creación. Y Él nos dice que el motivo detrás de cada acción nuestra debe ser agradarle. Pablo explica esto varias veces en sus cartas con palabras sinónimas. Si no hacemos todo de esta manera, estamos haciéndolo todo mal. Todo lo que hacemos debe glorificar a Dios (1 Co. 10:31). Todo lo que pensamos y hacemos, debemos hacerlo en el nombre de Cristo (Col. 3:17).

Entonces, ya establecimos que la sabiduría implica vivir como Dios manda, pero ¿cómo nos comunica Dios sus mandatos? Por medio de su Palabra. Moisés explica: «Miren, yo les he enseñado estatutos y decretos tal como el Señor mi Dios me ordenó, para que así los cumplan en medio de la tierra en que van a entrar para poseerla. Así que guárden*los* y póngan*los* por obra, porque esta será su sabiduría y su inteligencia [...]» (Dt. 4:5-6). Es decir, llegamos a ser sabios cuando recibimos y obedecemos la enseñanza de los estatutos y decretos que nuestro Dios nos ha mandado en su Palabra.

De hecho, existe una porción de las Escrituras que se llama «los libros de sabiduría». Son los libros de Job a Cantares. Cuando pensamos un poco acerca de esta sección de la Biblia, nos damos cuenta de que nos enseñan cómo vivir de una manera que agrada a Dios. Por ejemplo:

- Job tiene un capítulo completo sobre el tema de la sabiduría (Job 28), que nos exhorta a temer al Señor aun en medio del sufrimiento. Job enseña al creyente que la manera de lidiar con la aflicción es someterse a Dios y confiar en su plan, sin cuestionarlo.
- Los Salmos nos enseñan que la reacción más sabia en cualquier circunstancia es adorar a Dios. Cada salmo comienza en un lugar diferente. Pero todos nos enseñan a adorar.
- Los Proverbios nos enseñan muchos principios acerca de la sabiduría. Por ejemplo, uno llega a ser sabio cuando acepta la corrección (Pr. 12:15; 19:20) y cuando es más pronto para escuchar que para hablar (Pr. 17:27-28).
- Eclesiastés nos enseña la vanidad de este mundo y que el sabio vive para su eternidad con Dios.
- Cantares nos enseña a aplicar la sabiduría a nuestro hogar, amando a la esposa de nuestra juventud.

En resumen, la Biblia está llena de sabiduría, porque nos revela quién es Dios y cómo vivir para Él.

Un sabio debe vivir a la luz de su sabiduría

Lamentablemente, lo cierto es que uno puede ganar sabiduría, pero rehusar obedecerla. El mejor ejemplo de un sabio que vivió como un necio es el mismo Salomón, el hombre más sabio de la historia (1 R. 4:31). Salomón supo lo que debía hacer, pues Dios lo había llenado de mucha sabiduría. Sin embargo, decidió pecar contra Dios y buscar deleitarse en los placeres del mundo. Al final, se dio cuenta de su error y se arrepintió, y escribió el libro de Eclesiastés para instruirnos a no seguir su camino.

No obstante, esa realidad —que un sabio puede desobedecer la sabiduría— confirma nuevamente nuestra definición: que la sabiduría es entender cómo vivir correctamente. Pero también afirma que la sabiduría en sí misma no es suficiente. No sirve de nada si no la llevamos a la práctica. Necesitamos obedecer lo que ella dicta.

Por lo tanto, dos aplicaciones surgen de lo que hemos estudiado. En primer lugar, debemos buscar la sabiduría. Es un tesoro de infinito valor. Debemos estudiar las Escrituras y aprender cómo vivir para la gloria de Dios. Debemos correr hacia la Palabra, meditando y memorizando cómo es Dios y qué es lo que pide de nosotros. Solo así vamos a saber cómo vivir sabiamente. Solo así vamos a entender cómo agradar a nuestro Creador. Solo así vamos a comprender cómo andar como Cristo anduvo (1 Jn. 2:6).

En segundo lugar, debemos aplicar la sabiduría. Debemos obedecer la sabiduría que aprendemos en la Palabra. De nada nos aprovecha saber cómo vivir bien, si no vivimos bien. ¿De qué te sirve saber cómo agradar a Dios, si lo que haces lo contrista? Solo aumentará tu castigo, ya que el que sabe la voluntad de su Señor y no lo hace, «recibirá muchos azotes», porque «a todo el que se le haya dado mucho, mucho se demandará de él» (Lc. 12:47-48). El que más fuertemente será juzgado es el que escucha la voz de la sabiduría que clama, pero luego va y hace lo opuesto. De esta persona, la sabiduría dice lo siguiente:

> También yo me reiré de la calamidad de ustedes, me burlaré cuando sobrevenga lo que temen, cuando venga como tormenta lo que temen y su calamidad sobrevenga como torbellino, cuando vengan sobre ustedes tribulación *y* angustia. Entonces me invocarán, pero no responderé; me buscarán con diligencia, pero no me hallarán, porque odiaron el conocimiento, y no escogieron el temor del Señor» (Pr. 1:26-29).

Conclusión

Debemos buscar sabiduría y después de encontrarla, obedecerla. No hay atajos ni secretos. No vale saber cómo agradar a Dios si no lo hacemos. Y ¿sabes, querido lector, lo que más le agrada? Lo que agrada a Dios sobre todas las cosas es creer en Cristo y buscar imitarlo. La obra sobresaliente que Dios nos pide, el acto primario que le agrada, es creer en Cristo. De hecho, cuando los judíos preguntaron qué debían hacer para obedecer a Dios, «Jesús les respondió: "Esta es la obra de Dios: que crean en el que Él ha enviado"» (Jn. 6:29).

Entonces, terminamos donde empezamos. El inicio, el principio de la sabiduría es creer en Dios y obedecer su evangelio. En contraste, lo más necio que uno puede hacer es ir al infierno por rehusar creer en Cristo. El necio es el que muere sin Cristo, confiando en su propio mérito. El que piensa que estará bien en el juicio por sus propias obras es el más necio posible. Piénsalo de esta manera: la sabiduría es saber cómo vivir bien; la necedad, entonces, es lo opuesto. Es no saber cómo vivir bien. Y esto se aplica en cada circunstancia de la vida. Pero, sobre todo, en la eternidad. La sabiduría nos enseña a vivir a la luz de la eternidad; nos enseña cómo llegar al cielo. En cambio, la necedad siempre dirige al infierno.

Por eso, la sabiduría siempre nos conduce a Jesucristo, porque la única manera de estar seguro en el juicio es ser vestido de las obras perfectas de Cristo. Debemos confiar en Jesucristo, quien murió en la cruz y resucitó al tercer día para justificar al creyente delante de Dios. Solo el que cree en Cristo es sabio. Pero el sabio no solo cree en Él para su salvación eterna, también busca agradar a Dios hoy. Entonces, aunque es cierto que el cristiano será transformado a la imagen de Cristo cuando muera (1 Jn. 3:2), también es cierto que debemos buscar ser transformados a la imagen de Cristo todos los días. Si Dios se complace en Cristo (Mt. 3:17), se complacerá en nosotros cuanto más nos parezcamos a Él (2 Co. 3:18). Por eso debemos no solo creer en Cristo, sino también buscar vivir como Él.

La sabiduría imita a Cristo (Fil. 2:5), que se hizo hombre para obedecer la ley por nosotros y así morir la muerte que merecíamos por nuestro pecado. Debemos imitar su amor, su justicia, su santidad, su misericordia y, por supuesto, su sabiduría. Él es quien siempre supo cómo vivir para agradar a su Padre. Y no solo lo supo, sino que también lo hizo siempre. Cristo dijo: «[...] yo siempre hago lo que le agrada» (Jn. 8:29). Por eso, es mi oración que, al leer este libro, crezcas en sabiduría; en particular, que crezcas en tu conocimiento de Cristo para saber cómo vivir como Él:

> Bienaventurado el hombre que halla sabiduría y el hombre que adquiere entendimiento. Porque su ganancia es mejor que la ganancia de la plata, y sus utilidades *mejor* que el oro fino. Es más preciosa que las joyas, y nada de lo que deseas se compara con ella (Pr. 3:13-15).

Sin embargo, recuerda que crecer en sabiduría es solo la mitad de la ecuación. También, oro que pongas en práctica lo que la sabiduría te informe. Que vivas como Cristo. Que agrades a Dios, no siendo oidor de la Palabra solamente, sino hacedor (Stg. 1:22).

2

¿Qué es la necedad?

SANTIAGO ARMEL

En el capítulo anterior, tratamos el tema de cómo Dios define la sabiduría, pero es importante ahora ampliar un poco más acerca del término opuesto: la necedad. La forma principal para referirse al necio en el Antiguo Testamento es la palabra hebrea «כְּסִיל (*kisíl*)». Se refiere a alguien que no solo es un ignorante, sino que de manera deliberada rechaza la sabiduría de Dios. Además, el necio no solo se opone a la sabiduría, sino que es caracterizado por la imprudencia y la torpeza en todo su actuar.[1] Por su parte, el Nuevo Testamento usa principalmente tres términos en griego para referirse al necio. En primer lugar, el término «ἄφρων (*áfron*)», que es alguien con un discernimiento pobre; también podría describir a uno que se considera experto en la religión, pero carece de conocimiento verdadero de Dios.[2] En

1. G. Scott Gleaves, «Foolishness», editado por Douglas Mangum *et al.*, *Lexham Theological Wordbook*, Lexham Bible Reference Series (Bellingham, WA: Lexham Press, 2014).

2. Gerhard Kittel, Gerhard Friedrich y Geoffrey W. Bromiley, *Compendio del diccionario teológico del Nuevo Testamento* (Grand Rapids: Libros Desafío, 2002), p. 1264. Véase también Gleaves, «Foolishness», editado por Douglas Mangum *et al.*, *Lexham Theological Wordbook*.

segundo lugar, «μωρός (*morós*)» enfatiza las acciones de alguien que es un tonto o insensato, y que, por consiguiente, sus juicios, acciones y palabras carecen de cualquier utilidad. Es la idea de «una falta de capacidad para el pensamiento o la acción correcta».[3] Finalmente, tenemos el término «ἀνόητος (*anóetos*)», que se refiere a alguien que no piensa bien: «Jesús llamó insensatos a sus discípulos (*anóetos*) por fallar en entender que Él tenía que morir y resucitar según las Escrituras (Lc. 24:25)».[4]

La necedad es la característica principal de aquel que decide abandonar a Dios en sus caminos. En el incrédulo, la necedad es su estado natural; mientras que, en el creyente, la necedad se puede presentar por períodos de tiempo, cuando el hijo de Dios rechaza la instrucción del Señor.[5] La necedad es más que un solo pecado particular. Es un cúmulo de pensamientos, comportamientos, actitudes, palabras y acciones que van en contra de la sabiduría de Dios; es decir, en contra de Dios. Estas actitudes pecaminosas que caracterizan al necio no solo manifiestan rebeldía contra Dios, sino que además dañan a las personas alrededor. Pero no solo eso, de una manera especial el necio tiene una tendencia a la autodestrucción con su obrar.[6] Para tener una comprensión amplia de la necedad, a continuación se enumerarán once inclinaciones que caracterizan a los hombres necios. Es mi oración que esta gran variedad de ejemplos concretos nos ayude

3. Kittel, Friedrich y Bromiley, *Compendio del diccionario teológico del Nuevo Testamento*, p. 607.

4. Gleaves, «Foolishness», editado por Douglas Mangum et al., *Lexham Theological Wordbook*.

5. Para más acerca de esto, véase el capítulo 1: «¿Qué es la sabiduría?», de Josiah Grauman.

6. «La necedad se caracteriza por pensamientos, comportamientos, actitudes o juicios que carecen de sentido, prudencia y discreción. El comportamiento tonto puede ser inmoral o peligroso y, a menudo, tiene tendencias autodestructivas. La necedad contrasta con la sabiduría, la prudencia y el buen juicio». Gleaves, «Foolishness», editado por Douglas Mangum *et al.*, *Lexham Theological Wordbook*.

a poner en perspectiva la urgente necesidad de vivir sabiamente, tal como Dios nos manda hacerlo.

El necio se inclina a la idolatría

La idolatría es adorar algo más en vez de a Dios, y esto es justamente lo que hace alguien que es necio. Su tendencia natural es dirigir su adoración a lo creado en vez de al Creador (Jer. 10:8; Ro. 1:21-25). Esto algunas veces se manifestará con ateísmo declarado, y otras veces con ateísmo práctico.[7] El ateo declarado quiere convencer a su corazón de que Dios no existe, mientras que el ateo práctico, aunque dice creer en Dios, vive su vida como si Él no existiera. Los hay de ambos tipos en abundancia. El ateo declarado no asiste a la iglesia,[8] mientras que el ateo práctico repleta las bancas de muchas congregaciones.

La Biblia afirma que esta clase de necedad lleva a los hombres no solo a negar a Dios, sino también a una corrupción total (Sal. 14:1; 53:1). Además, esa misma necedad lleva a los hombres a cometer actos abominables y a alejarse del bien (Sal. 14:1; 53:1). El necio injuria a Dios todo el día con sus palabras o con sus actos (Sal. 74:22), y va tras otros dioses, ya sea que lo reconozca o no.

El necio se inclina a la desobediencia

Ya que el necio rechaza lo que Dios tiene que decir, su patrón característico de vida es la desobediencia. Es alguien falto de entendimiento en sus decisiones (Sal. 94:8). La Biblia lo describe como uno que se divierte haciendo el mal (Pr. 10:23; 13:19; 14:9). Duro, pero cierto. El hombre necio es arrogante y descuidado (Pr. 14:16) y no le basta con solo ser desobediente, sino que le encanta

7. Para un vistazo general de los distintos tipos de ateísmo, véase Norman L. Geisler, «Atheism», *Baker Encyclopedia of Christian Apologetics*, Baker Reference Library (Grand Rapids: Baker Books, 1999), pp. 55-56.

8. Esto es, la iglesia local. Cuando se hace referencia a la Iglesia universal —«todo el cuerpo de los redimidos»— se coloca en mayúscula. M. G. Easton, *Illustrated Bible Dictionary and Treasury of Biblical History, Biography, Geography, Doctrine, and Literature* (Nueva York: Harper & Brothers, 1893), p. 146.

mostrar a otros su necedad (Ec. 10:3). Tan solo un vistazo rápido a los videos populares de la actualidad nos dejará evidencia de la necedad del hombre que desobedece a Dios.

Aunque parezca inconcebible, el pueblo de Dios, cuando se deja gobernar temporalmente por la carne, puede actuar de manera necia y desobediente. En el Antiguo Testamento, Dios catalogó a Israel como un pueblo necio, torpe, sin inteligencia y astuto solamente para hacer el mal (Jer. 4:22; 5:21; Is. 32:6). En el Nuevo Testamento, la instrucción de Dios es clara al respecto: «Así pues, no sean necios, sino entiendan cuál es la voluntad del Señor» (Ef. 5.17). Esta voluntad, en el contexto, significa apartarse del mal y vivir una vida de obediencia y santidad.

El necio se inclina al descontrol[9]

Uno de los síntomas más evidentes de un necio es que no puede controlarse a sí mismo. Una de las áreas en cuestión es su carácter. Sencillamente, se sale de control. Un hombre necio y descontrolado es explosivo, irritable, altivo y grosero en su conversación. Pero sobre todas las cosas, el necio se caracteriza por reaccionar de manera rápida, mostrando su enojo «al instante» (Pr. 12:16) y haciendo un nido en él, tal como se ilustra en Eclesiastés 7:9.

El necio sencillamente no se detiene a considerar las consecuencias de sus actos o de sus palabras. El descontrol abunda, ya que es guiado por sus impulsos. Por lo tanto, a menudo recibe las consecuencias dañinas y devastadoras de sus actos precipitados (Job 5:2; Pr. 10:21).

El necio se inclina a despreciar la sabiduría

Hoy día lo común es rechazar el consejo, abrazar verdades relativas y querer vivir la vida sin límites ni restricciones. Nadie quiere que le digan la verdad, ni mucho menos qué es lo más

---

9. Para un tratamiento extenso acerca del dominio propio y la falta de este, véase el segundo libro de la serie de «Hombre Renovado», de Soldados de Jesucristo: Daniel Puerto y Josué Pineda Dale, *Dominio propio: Control en una época de desenfreno* (Grand Rapids: Editorial Portavoz, 2022).

sabio de hacer. La definición básica de un necio es la de aquel que rechaza la sabiduría (Pr. 1:7; 8:5; Jer. 5:4). El simple es un joven sin experiencia, pero el necio es uno que aborrece el conocimiento (Pr. 1:22).

Sin embargo, lo que hace el estado de un necio aún más deplorable es que, comúnmente, el necio se considera una persona sabia. ¿No es esto irónico? Es triste, pero el necio no se da cuenta de que está engañado y que, realmente, no es sabio, sino falto de entendimiento en todos sus caminos. Aunque piensa que puede enseñar a muchos, realmente es un ciego y anda constantemente en oscuridad: «El sabio *tiene* ojos en su cabeza, pero el necio anda en tinieblas» (Ec. 2:14).

El necio se inclina a la estupidez

Una de las formas de traducir la palabra «necio» es con el término «estúpido». En castellano, un estúpido es alguien que presenta una «torpeza notable en comprender las cosas».[10] Actos propios de esta torpeza son, por ejemplo, que el necio manifiesta sin control las emociones de su corazón. Es un hombre más emocional que racional; da rienda suelta a su corazón y, de esta manera, evidencia frecuentemente su necedad (Pr. 12:23; 13:16). Esta torpeza del necio también se exterioriza, porque es un hombre a quien no le gusta recibir consejos de nadie (Ec. 4:13). Prefiere fallar y tropezar una y otra vez ante la misma situación, en vez de pedir ayuda a alguien con mayor sabiduría y experiencia (Pr. 14:16).

La estupidez del necio es descubierta al mismo tiempo por su pereza (Pr. 6:9; 13:4; 26:14). La necedad y la pereza duermen en la misma cama, son como una sola carne. En Eclesiastés 4:5, Salomón manifiesta que «el necio se cruza de manos, y devora su propia carne», lo que quiere decir que este hombre es poco

10. Real Academia Española, «estupidez», *Diccionario de la lengua española*, 23.ª ed., [versión 23.5 en línea], visitado el 6 de octubre de 2022, https://dle.rae.es/estupidez.

esforzado y no puede dedicarse de continuo a un trabajo productivo.[11] Ya que la pereza acompaña al necio todo el día, comúnmente la pobreza lo alcanza. De nuevo, en palabras de Salomón, «devora su propia carne», lo que significa que no está dispuesto a conseguir su propia comida, y su cuerpo terminará consumiéndose a sí mismo en la pobreza y el hambre (Pr. 19:24; 20:4; 22:13; 26:15). El necio con su torpe actuar llama a la ruina a su propia vida.

El necio se inclina a la autodestrucción

Ampliando lo que vimos en la sección anterior, un hombre desprovisto de sabiduría causa su propia destrucción. Muchas veces el necio se pregunta: «¿Por qué nadie me honra y me respeta?». Parece ignorar que la causa de su mala reputación es su actuar cotidiano. Puede pensar que todos alrededor son perversos y hostiles con él, pero no se detiene a meditar en que él mismo es el problema (Pr. 3:35). Sin embargo, la Biblia es clara en destacar dos formas en las que un necio busca su propia destrucción. En primer lugar, es un hombre rebelde a las autoridades (Pr. 10:8), quien ante su insurrección recibe el castigo. En segundo lugar, el necio tiene la tendencia a dejarse persuadir fácilmente por el pecado sexual, el cual acarrea la destrucción de su familia y su reputación (Pr. 6:32-33). En términos bíblicos, va como «el buey al matadero, o como *uno en* grillos al castigo [...]» (Pr. 7:22).

Todos los hombres, aun los cristianos, caen en momentos de necedad. Esto sucede cuando el hombre se aparta de la sabiduría de Dios y peca. Sin embargo, la vida del cristiano no es ni debe ser caracterizada por la necedad. Un hombre de Dios debe crecer paulatinamente en sabiduría. Por esta razón, si un hombre tiene la necedad como patrón de vida, está dando muestras de que no es un convertido genuino y acarreará su destrucción eterna en el infierno (1 Jn. 3:7-10).

---

11. Daniel C. Fredericks y Daniel J. Estes, *Ecclesiastes & The Song of Songs*, Apollos Old Testament Commentary (Downers Grove, IL: IVP Academic, 2010), p. 134.

El necio se inclina a lastimar a los que lo rodean

El necio no solo se destruye a sí mismo, sino que también lastima a los que están a su alrededor (Pr. 13:20). Por ejemplo, en el libro de Proverbios se enfatiza la realidad de que un hijo necio trae dolor a sus padres (Pr. 10:1). Esta realidad puede suceder con hijos menores que actúan de manera descontrolada y traen vergüenza a sus papás. También con hijos jóvenes que actúan con rebeldía y sin freno a sus deseos, y traen descrédito a toda la familia. Finalmente, un hijo adulto y necio trae dolor, pues constantemente todos son afectados por las malas decisiones que toma en cada área de su vida: laboral, emocional, financiera y demás.

Por eso, la Biblia exhorta a los padres a ayudar a sus hijos a abandonar el camino de la necedad desde temprano. La Palabra de Dios da esta instrucción en los siguientes términos: «La vara y la reprensión dan sabiduría, pero el niño consentido avergüenza a su madre» (Pr. 29:15). Esto es algo que debe ser una prioridad para los padres que desean guiar de continuo a sus hijos en el camino de la verdad (Dt. 6:6-9; Sal. 78:5-6).

El necio se inclina a ser un charlatán pecaminoso

Las palabras de un hombre dan cuenta de su sabiduría o su necedad. La Biblia afirma que el necio de labios o charlatán será derribado (Pr. 10:10). Las palabras del necio son caracterizadas por la mentira y la calumnia (Pr. 10:18). Aunque suelen ser abundantes, comúnmente vienen acompañadas de ignorancia (Pr. 10:14; 14:7). El hablar del necio no trae consuelo a nadie (Pr. 10:21) y, más bien, sus palabras suelen ser un azote para sí mismo (Pr. 14:3).

El necio, en aspectos espirituales, puede declarar que tiene fe en Dios, pero esto es solo una declaración vana (Ec. 5:4). Con respecto a Eclesiastés 5:1, donde se habla de un necio que hace promesas a Dios apresuradamente y que no está dispuesto a cumplirlas, el siguiente comentario nos ayuda a entender bien las implicaciones:

> Aquí está la imagen de un necio impetuoso que corre al templo con un deseo intenso por alguna fantasía, por la cual está dispuesto a hacer un acuerdo con Dios mediante un sacrificio o un voto [...] Si alguno piensa que es religioso sin frenar su lengua, se engaña a sí mismo y su religión es inútil [...] esta tendencia de solamente hablar, pero no caminar en obediencia, podría terminar en el juicio destructivo de Dios.[12]

El necio se inclina a ser orgulloso[13]

El necio se tiene a sí mismo en muy alta estima. Se percibe mucho más grande e importante de lo que realmente es. Piensa que sus planes son geniales y que no necesita el consejo de nadie (Pr. 12:15). Su orgullo lo lleva a recibir golpes en la vida una y otra vez, esto debido a que no acepta la corrección y comete los mismos errores continuamente (Pr. 14:16).

La Biblia usa términos muy gráficos para describir la clase de obstinación que caracteriza a aquel que vive como necio: «Como perro que vuelve a su vómito es el necio que repite su necedad» (Pr. 26:11). La imagen es grotesca pero clara. Así se ve aquel que no recibe consejo, que se cree superior, que prefiere equivocarse de nuevo y perjudicarse a sí mismo, antes de reconocer que está mal. En lugar de confesar sus faltas, arrepentirse y apartarse, el necio buscará culpar a alguien más de sus desdichas, y su orgullo seguirá en aumento.

El necio se inclina a ser mentiroso

Parece que no se puede agregar más características negativas a la vida del necio, pero sí: con una vida tan desordenada como la que tiene un necio, la mentira vendrá como la solución temporal para mitigar algo de las consecuencias de su actuar errante. La Biblia

---

12. Fredericks y Estes, *Ecclesiastes & The Song of Songs*, pp. 138-139.

13. Para un tratamiento extenso acerca del orgullo y la falta de humildad, véase el primer libro de la serie de «Hombre Renovado», de Soldados de Jesucristo: Daniel Puerto y Josué Pineda Dale, *El orgullo: La batalla permanente de todo hombre* (Grand Rapids: Editorial Portavoz, 2021).

dice que Dios detesta los «labios mentirosos», puesto que son «abominación al Señor» (Pr. 12:22), así que el necio mentiroso está ante un terrible peligro.

El profeta Ezequiel da una profecía y advertencia interesante al respecto: «¡Ay de los profetas necios que siguen su propio espíritu y no han visto nada!» (Ez. 13:3). Es decir: ¡una completa farsa! Es lamentable saber que, en nuestra época, los púlpitos de muchas iglesias están llenos de necios mentirosos: hombres que enseñan a multitudes sus propios consejos, sueños y experiencias, pero dejan de lado la sabiduría de Dios. Estos son hombres mentirosos y engañadores que, a menos que se arrepientan de su necedad, serán condenados por el Señor.

El necio se inclina a amar el dinero

El amor al dinero no podría faltar entre la lista de distintivos del hombre necio. Este es un hombre completamente falto de entendimiento, que no da valor a lo celestial y lo eterno. Por esta razón, estará completamente enamorado de lo temporal y vano. El dinero es uno de sus máximos amores en este mundo. Por eso, Pablo habló en 1 Timoteo 6:9 acerca de los que aman el dinero, como personas que se lastiman a sí mismas tratando de obtener las riquezas de este mundo. Estos se caracterizan por solo querer satisfacer sus deseos necios.

También, nuestro Señor Jesús, en la parábola del rico insensato en Lucas 12:13-21, nos narró la lamentable situación de un hombre codicioso que solo buscaba acumular más riquezas para dedicarse a la comodidad momentánea. Ante esta situación, Dios dijo a este hombre y a todo aquel que ama el dinero de esta forma: «¡Necio! Esta *misma* noche te reclaman el alma; y *ahora*, ¿para quién será lo que has provisto?» (v. 20). ¡Vaya manera de poner en perspectiva la futilidad de las riquezas!

Conclusión

A pesar de la abundante evidencia en contra del necio, debes saber algo: ¡hay esperanza! El necio puede ser rescatado por la gracia de Dios. La Biblia es clara en afirmar que todos nacemos en una condición de necedad extrema. De continuo, el ser humano busca hacer el mal y no puede glorificar a Dios. Lo que caracteriza al hombre sin Dios es una vida de necedad, desobediencia y esclavitud de deleites y placeres diversos, así como la malicia, la envidia y el odio (Tit. 3:3). Pero de esa masa de pecadores, Dios decide rescatar almas. Él no vino por los sanos, sino por los enfermos. De lo vil y menospreciado, de lo más necio de este mundo, Dios, por su elección soberana, decide salvar almas (1 Co. 1:27).

Amigo lector, si tú te has identificado como un necio después de leer este capítulo, hoy puedes abandonar ese camino si suplicas al Dios del universo que se apiade de ti, te perdone, te justifique y te salve. Él no rechaza un «corazón contrito y humillado» (Sal. 51:17), por lo tanto, no esperes más y ven a Él. Y si te falta sabiduría, pídesela, pues Dios la «da [...] abundantemente y sin reproche» a los que la buscan (Stg. 1:5). Es mi oración que el resto de este libro te ayude a entender la sabiduría y cómo ponerla en práctica a diario en tu vida. Esto es solo el comienzo.

3

La sabiduría en el libro de los Proverbios

JOHN ÉDGAR SANDOVAL

En el primer capítulo, se habló de la sabiduría en términos generales, pero ahora es necesario que comencemos a ver de manera más detallada lo que Dios ha revelado en su Palabra. Todos los seres humanos fuimos diseñados con la capacidad de conocer a Dios, el universo y a nosotros mismos, como se desprende del hecho de ser creados a imagen y semejanza del que nos hizo (Gn. 1:26-31). Por esa razón, toda la humanidad desea el saber, tal y como Satanás asumió en su tentación a los primeros humanos en Edén (Gn. 3:5), pero con el componente adicional de obtener una ciencia autónoma sin el reconocimiento del Creador.[1] Dios había hablado, pero Satanás les ofreció una propuesta —o una interpretación— que parecía «sabia», pero que distaba mucho de serlo, tal como se probaría después. Cuando el hombre y la mujer

1. «Porque el conocimiento del bien y el mal que obtiene el hombre acudiendo al mal, lo aleja tanto de la verdadera semejanza a Dios, la cual alcanzaría evitándolo, como lo está de la verdadera libertad de una vida en comunión con Dios, la imaginaria libertad de un pecador que vive atado al pecado y su fin es la muerte. La verdadera semejanza se alcanza por la libertad de una vida de comunión con Dios». C. F. Keil y F. J. Delitzsch, *Comentario al texto hebreo del Antiguo Testamento* (Viladecavalls, España: CLIE, 2008), p. 57.

siguieron la propuesta de la serpiente, hallaron tal conocimiento autónomo que, en lugar de guiarlos hacia la sabiduría, los alejó más y más de ella. Creyeron al «padre de la mentira» (Jn. 8:44), cuyo objetivo es mantener a la humanidad en ignorancia (Hch. 17:30) y alejarlos de la verdad. Adán y Eva, después de ir en contra de lo que Dios les había dicho, desarrollaron una concepción del mundo y de sí mismos que ilustra a la perfección lo que Pablo dijo tiempo después: «Profesando ser sabios, se volvieron necios» (Ro. 1:22).

La consecuencia última de seguir la sabiduría del mundo, que como mínimo «es terrenal, natural, diabólica» (Stg. 3:15), es que los hombres digan que «no hay Dios» (Sal. 14:1). De esta manera, niegan al único y sabio Dios (Ro. 16:27), cambiando «la verdad de Dios por la mentira» y rindiendo culto «a la criatura en lugar del Creador» (Ro. 1:25). Pero, en contraste con lo anterior, las Escrituras revelan que Dios «[destruye] la sabiduría de los sabios, y [desecha] el entendimiento de los inteligentes»; en otras palabras, resumiéndolo con una pregunta retórica: «¿No ha hecho Dios que la sabiduría de este mundo sea necedad?» (1 Co. 1:19-20). Tenemos así una visión general de la sabiduría según Dios y según el mundo, que fortalece el reconocimiento de las Escrituras como la fuente esencial de la sabiduría de Dios para su pueblo (Dt. 4:6). Por eso, a continuación, veremos un poco más a detalle la sabiduría divina plasmada en el libro de Proverbios para nuestra instrucción y subsecuente implementación.

Sabiduría personal

Como no se trata meramente del conocimiento, más que aprender sabiduría, el hombre debe llegar a ser sabio. Y esto es algo personal. Salomón fue un gran ejemplo de sabiduría, aunque no el único que registran las Escrituras. José, por ejemplo, es dotado de sabiduría para predecir la sequía en Egipto y preparar en los días de abundancia lo necesario para los tiempos de escasez. También Daniel fue sabio para descifrar códigos, enigmas, visiones y complejos dilemas morales entre su fe y la sociedad pagana de su tiempo. Con seguridad podemos aprender de muchos sabios en Israel y en las Escrituras, pero el sabio paradigmático ha sido, sin lugar a dudas, el rey Salomón.

Desde joven, Salomón reconoce su falta de sabiduría para cumplir su responsabilidad como rey de Israel. Sin embargo, el que llegaría a ser un hombre ilustre, ante una aparición divina en sueños, recibe la sabiduría como recompensa a su pedido (1 R. 3:5-10). Esto no es típico de alguien de su edad. A menudo un joven pretende saberlo todo y le es difícil pedir consejo. Sin embargo, se nos dice que él ya «amaba al Señor» (1 R. 3:3), hecho que confirma la prioridad de ser sabio en sentido bíblico, antes de saber o tener algún tipo de conocimiento. El sabio aprende a amar al sabio Dios (2 Ti. 3:15) y, por lo tanto, lo obedece y lo sigue. Este es el mensaje del libro de los Proverbios en repetidas ocasiones: ser sabio es algo de interés y alcance personal (Pr. 1:20-23).

Sabiduría preceptiva[2]

La sabiduría de Proverbios está en forma de dichos sabios del pueblo de Israel, donde la ley de Dios es el compendio superior de sabiduría divina para el hombre. Tal como Derek Kidner lo resume: «La sabiduría, como se enseña aquí [en el libro de Proverbios], está centrada en Dios, e incluso cuando es más realista, consiste en el manejo astuto y sólido de los asuntos personales en el mundo *de Dios*, en sumisión a su voluntad».[3] Salomón entendió bien esto. Por eso es el modelo de alguien que ama a Dios, porque lo adoró con fidelidad a sus estatutos y fue sabio en pedir sabiduría en lugar de riquezas u honra de este mundo.

---

2. Este término describe algo «que incluye o encierra en sí preceptos», ser «ordenado por un precepto» o un «conjunto de preceptos aplicables a determinada materia». Real Academia Española, «preceptivo», *Diccionario de la lengua española*, 23.ª ed., [versión 23.5 en línea], visitado el 28 de diciembre de 2022, https://dle.rae.es/preceptivo.

3. Derek Kidner, *Proverbs: An Introduction and Commentary*, vol. 17, Tyndale Old Testament Commentaries (Downers Grove, IL: InterVarsity Press, 1964), p. 14.

La exhortación a ser sabio y a buscar la sabiduría se repite con regularidad en los proverbios para que elijamos lo que es prioritario (Pr. 4:7-9).

Es sabio quien teme a Dios (Pr. 1:7) y quien obedece sus mandatos (Pr. 10:8a). Ambas cosas, temor y obediencia, aparecen juntas en el libro de los Proverbios. El Salmo 111 los incluye en el mismo versículo: «El principio de la sabiduría es el temor del Señor; buen entendimiento tienen todos los que practican Sus mandamientos» (v. 10). Esta sabiduría se revela en las Escrituras para el beneficio del pueblo de Dios, a diferencia de la sabiduría del mundo (1 Co. 2:7).[4] Por eso es imperativo que busquemos obedecer su Palabra.

Sabiduría paternal

Salomón nos narra que tanto su padre como su madre le enseñaron sabiduría. Ahora él enseña a su audiencia mediante un diálogo paternal (Pr. 4:1-10), pasando la sabiduría de generación en generación. Así, la pedagogía de los sabios israelitas nos presenta abundantes recursos, como exhortación, comparación, advertencias, personificación, entre otros, y nos recuerda que la sabiduría es un patrimonio familiar para el sabio y sus familiares cercanos (Dt. 29:29b).

Sabemos que es un mandato de Dios la transmisión de la fe desde la más temprana edad. Son los padres quienes deben enseñar a sus hijos la sabiduría, que consiste en amar a Dios con todo su ser, cumplir sus leyes y modelar una vida piadosa tanto en las actividades privadas como en la públicas (Dt. 6:4-9). Este es un mandato permanente para los israelitas (Sal. 78:1-8) y también

4. Respecto de lo superior que es la sabiduría divina que encontramos en el libro de Proverbios, el comentarista Matthew Henry afirmó: «Tómese los proverbios de otra nación y hallaremos grandes cantidades fundamentadas en el egoísmo, la astucia, el orgullo, la injusticia, el desdén nacional y las animosidades. Los principios de los Proverbios de Salomón son la piedad, la caridad, la justicia, la benevolencia y la prudencia verdadera. Su pureza universal demuestra que son la Palabra de Dios». Matthew Henry, *Comentario de la Biblia Matthew Henry en un tomo* (Miami, FL: Editorial Unilit, 2003), p. 483.

para los cristianos en la crianza de sus hijos (Ef. 6:4). El libro de Proverbios nos ayuda bastante en nuestra labor educativa, ya que es la sabiduría familiar del pueblo de Dios.

Sabiduría pactual

Más adelante, Dios se le apareció a Salomón de nuevo para recordarle las condiciones de la sabiduría otorgada (1 R. 9:2-9). El Señor le había concedido su preciado don debido al compromiso que Él tenía de bendecir a su pueblo dándole un gobernante descendiente del amado rey David, su padre (1 R. 3:28; 4:29-34). Es la sabiduría del Dios de Israel, no la sabiduría de Salomón o de alguien más, la que es puesta en relieve. Esta sabiduría es parte de la promesa del pacto del Sinaí (Dt. 28:1, 9-10, 13-14). Por lo anterior, por el cumplimiento de las promesas de Dios a Israel, Salomón ofrece sacrificios de paz.[5]

Dios hizo rey a Salomón y le dio este don de la sabiduría por causa de su padre David, tal como Salomón menciona en su oración (1 R. 3:6-7). Dios puso a este rey como modelo de obediencia a sus leyes, conforme a la alianza que Él había establecido con Israel: un día otras naciones vendrían a ella para escuchar de la boca de este rey la sabiduría de Dios (1 R. 4:34), para la gloria de su Nombre. Así lo reconoció la reina de Sabá: «Bendito sea el Señor su Dios que se agradó de usted para ponerle sobre el trono de Israel. Por el amor que el Señor ha tenido siempre a Israel, le ha puesto por rey para hacer derecho y justicia» (1 R. 10:9). Israel fue la nación dotada de la sabiduría divina para que se mantuviera fiel a su Dios y para que mostrara su gloria (Is.

---

5. «Entre los israelitas había principalmente tres tipos de ofrendas de paz: la Eucaristía u Ofrenda de acción de gracias, la cual expresaba gratitud por las bendiciones recibidas; aquellas entregadas en cumplimiento de una promesa, que también manifestaban agradecimiento por los beneficios recibidos; y las ofrendas por propia voluntad, que se dedicaban espontáneamente a Dios. En cualquier caso, de alguna de las tres ofrendas, Salomón reconoció la sabiduría como provisión divina». «Ofrenda de paz», Michael Halcomb, editado por John. D. Barry & Lazarus Wentz, *Diccionario Bíblico Lexham* (Bellingham, WA: Lexham Press, 2014).

49:3), de otro modo pasarían a ser «refrán y escarnio entre todos los pueblos» (1 R. 9:7).[6] Las Escrituras son la revelación de Dios para nosotros, y es de sabios tenerlas en alta estima y obedecerlas.

Sabiduría práctica

Proverbios nos narra la sabiduría de Dios en la gente común y corriente también. La sabiduría de Dios no es exclusiva para un grupo selecto. A menudo, el libro de Proverbios se basa en principios muy gráficos que sirven de advertencia para quienes requieren saber cómo se vive la vida según Dios, conforme al diseño dado por Él para la humanidad. De hecho, casi no deja por fuera ningún aspecto de la vida del hombre. Es muy exhaustivo. Considera todo siempre desde la perspectiva de un santo que aprende a hallar la felicidad en relación con la santidad y viceversa.[7] Es evidente que Dios quiere comunicar que es importante entender la sabiduría y ponerla por obra.

Dos ejemplos nos pueden ser útiles para ver lo práctico de los proverbios citados en este hermoso libro. El primero tiene que ver con las relaciones sociales. La sabiduría de Proverbios

6. Tal como lo resumió con sabiduría John W. Olley, «la obediencia no es una nota al margen, sino el cuerpo principal del texto en relación con Yavé. Pero nada más lejos ahí que un formalismo legal, sino una genuina expresión de las estructuras que Dios ha imbuido en su creación, "condiciones ineludibles conectadas con la cualidad de humano y las relaciones derivadas del pacto" y con la que haya de tenerse con el Creador». John W. Olley, *1 y 2 Reyes*, Comentario Antiguo Testamento Andamio, traducido por Pilar Flórez (Barcelona y Grand Rapids: Publicaciones Andamio y Libros Desafío, 2015), p. 144.

7. «Hace falta ser santo para poder ser sabio; y eso es así no porque la santidad recompense, sino porque la única sabiduría que sirve para solventar las cuestiones del diario vivir, en conformidad con su naturaleza intrínseca, es disponer de la divina sabiduría que les dio origen y orden [...] Encontramos ahí un cierto número de vocablos de parecido significado: sabiduría, disciplina, entendimiento, visión, discreción, aprendizaje, guía. En el contexto del libro de Proverbios, todo ello relacionado con la formación de la persona, el hallar la guía adecuada, contar con los principios necesarios, "sabiduría práctica" que ayuda a la persona a encontrar el camino». David Atkinson y Derek Kidner, *Proverbios y Eclesiastés*, Comentario Antiguo Testamento Andamio, traducido por Pilar Flórez (Barcelona: Publicaciones Andamio, 2010), pp. 33, 36.

nos insta a responder prudentemente en medio de una discusión: «La suave respuesta aparta el furor, pero la palabra hiriente hace subir la ira» (Pr. 15:1). Nuestra tendencia natural como latinos o hispanohablantes es levantar la voz para defender nuestros derechos y así conseguir lo que buscamos. La lógica es algo así: si no alzas la voz, no te haces valer. Así de sencillo. Y aunque puede ser una «norma cultural», también es posible que lo usemos como cortina de humo para tapar nuestro pecado. Además, este tipo de respuesta puede hacer pecar a mi prójimo también. Todo lo opuesto al proverbio antes citado. Otro ejemplo, tomado de las relaciones comerciales, es el siguiente: «El hombre avaro corre tras la riqueza y no sabe que la miseria vendrá sobre él» (Pr. 28:22). En nuestros países, tenemos la tendencia a procurar el éxito financiero demasiado rápido, quizá por la falta de oportunidades o recursos. Pero lo cierto es que a menudo ese deseo se convierte casi en una obsesión y nubla la visión del que lo busca. Como consecuencia del deseo desmedido, la persona puede llegar a comprometer sus valores, violar principios éticos, adquirir compromisos inconvenientes y buscar tener ventaja sobre los demás. A la larga, todo esto lo llevará únicamente a la pobreza y la destrucción. Así se actúa sin sabiduría.

Sabiduría profética

La palabra hebrea que se traduce como «proverbios» se usa también en el sentido de profecía en Números 23:7.[8] De manera que no solo el hijo de David enseñó en forma de proverbios, sino que otros hombres reconocidos por su sabiduría también acudieron a este recurso (Etán, Esdras, entre otros). Incluso en Proverbios 8,

8. «La palabra hebrea *měšālîm* significa, por lo general, dichos didácticos que utilizan una comparación o lección ilustrativa, junto con una forma o estilo de presentación poéticos. Su forma singular, *māšāl*, describe una serie de diversos géneros literarios: el proverbio o dicho popular sencillo (1 S. 10:12; Jer. 31:29), una visión de oráculo de Balaam (Nm. 23:7-10) [...]». L. Boadt, «Libro de Proverbios», editado por Samuel Pagán, David Gómez Ruiz y Marcos Antonio Eduino Pereira, *Diccionario Bíblico Eerdmans* (Miami Gardens, FL: Editorial Patmos, 2016), p. 1457.

se ve a la sabiduría hablando en primera persona, describiendo su origen divino y preexistencia creacional. Todos los hombres necesitan y buscan esta sabiduría, pero se halla únicamente en Dios mismo. Tanto Salomón como los sabios son solo medios de la sabiduría.

El Nuevo Testamento nos aclara quién es la sabiduría de Dios más grande que Salomón (1 Co. 1:24, 30; Mt. 12:42; Col. 2:1-3).[9] Jesucristo no solo es mayor que Salomón porque nunca utilizó su sabiduría para el mal, desobedeciendo a Dios, sino que es el medio por el cual tanto Salomón como todos los sabios han recibido sabiduría (Col. 1:17-20; Ef. 1:8-10). Incluso, toda la sabiduría es dada con el fin de glorificar a Dios y a su Hijo, nuestro Señor Jesucristo, por los siglos de los siglos (Ap. 5:12). Por lo tanto, también nosotros, como medios de la sabiduría de Dios, glorifiquemos a nuestro Señor y Dios viviendo como sabios en un mundo de necios, testificando, proclamando y anunciando acerca de «las virtudes de Aquel que [nos] llamó de las tinieblas a Su luz admirable» (1 P. 2:9).

Sabiduría parcial

La sabiduría en el libro de Proverbios puede parecer a simple vista como incompleta. Me refiero a esto por causa de las dificultades que presentan sus expresiones para la audiencia original y para nosotros mismos hoy día.[10] No podemos ignorar que hay

9. Este tema se ampliará en el capítulo 4: «Cristo, la sabiduría de Dios», de Heber Torres.

10. «Los mismos sabios sabían muy bien que exponían excesivamente un solo lado de la verdad. Por eso, no debemos leer, ni siquiera los proverbios, desligados del gran contexto del libro en que están. Un proverbio completa a otro. "Nunca respondas al necio de acuerdo con su necedad, para que no seas tú también como él", Pr. 26:4. El poeta no quería decir eso como una expresión absoluta, pues un poco más abajo leemos: "Responde al necio como merece su necedad, para que no se tenga por sabio en su propia opinión", Pr. 26:5. Algo parecido encontramos en los proverbios acerca de las ventajas del trabajo diligente: "Toda labor da su fruto", Pr. 14:23. Sin embargo, el mismo libro también dice: "La bendición de Dios es lo que enriquece, nuestro afán no le añade nada", Pr. 10:22, (cf. Versión Nácar-Colunga, «B.A.C». y su nota).

proverbios que parecen desconocer la realidad de la experiencia humana, pues no siempre «el hombre malo es atrapado en la transgresión», ni tampoco sucede siempre que «el justo canta y se regocija» (Pr. 29:6). Incluso hay proverbios que parecen contradecirse (cp. Pr. 26:4-5):

> sin embargo, el libro de Proverbios no es una lista de reglas; es una colección de principios generales para la vida, principios que deben aplicarse cuidadosamente a situaciones relevantes. Por ejemplo, Proverbios 19:11 dice que es una gloria pasar por alto la ofensa de alguien. Sin embargo, [Proverbios] 19:19 dice que no perdonemos al hombre de gran ira. En ciertas situaciones, la ofensa debe pasarse por alto, pero en otras situaciones, no se debe.[11]

Estas particularidades nos deben advertir que la sabiduría proverbial en ningún momento pretende ser exhaustiva, como

---

Es evidente que los sabios aquí dan reglas sin mencionar las excepciones al respecto. Son *meshalim* poéticos que excitan intencionadamente; son expresiones que recíprocamente, una y otra vez, se complementan, y por eso nunca se las debe desligar de la totalidad de esta enseñanza. De esa manera se tiene ya mucho menos problema con las aparentes "contradicciones" y "unilateralidades" en Proverbios». F. Deursen, *Proverbios*, traducido por Juan T. Sanz (Barcelona: Fundación Editorial de Literatura Reformada, 2003), p. 32.

11. John D. Barry *et al.*, *Faithlife Study Bible* (Bellingham, WA: Lexham Press, 2016), Pr. 26:4-5. George M. Schwab nos ayuda a entender muy bien este enigma de la siguiente manera: «¿Debes responder a un necio según su necedad? Sí y no. La Biblia lo prohíbe y lo ordena —una aparente contradicción—. El enigma se resuelve en el reconocimiento de que cada proverbio tiene su propia aplicación, su propia situación a la que se refiere. No todos los proverbios son siempre aplicables todo el tiempo. Los proverbios individuales, cuando se colocan uno al lado del otro, parecen contradecirse. En realidad, cada proverbio permanece latente hasta que una necesidad lo invoca. Este es uno de los puntos fuertes del género: un proverbio puede desaparecer como una mina terrestre, hasta que el camino de uno conduce a una situación en la que habla. Luego explota con poder formativo y revelador para ayudar a los eruditos en sus elecciones». George M. Schwab, «The Book of Proverbs», en *Cornerstone Biblical Commentary, Vol. 7: The Book of Psalms, The Book of Proverbs* (Carol Stream, IL: Tyndale House Publishers, 2009), p. 620.

podría imaginarse un lector desprevenido, que carece del conocimiento ya expuesto anteriormente en esta reflexión. Sírvase aclarar la diferencia crucial entre lo que es preceptivo, es decir, lo que debería ser y hacerse conforme a las leyes de Dios dadas a Israel en Sinaí, por ejemplo, de lo que es descriptivo, es decir, lo que está ocurriendo ante la vista reflexiva del proverbista. Este eco lo encontramos en los siguientes proverbios: «Es gloria de Dios encubrir una cosa, pero la gloria de los reyes es investigar un asunto [...] Quita la escoria de la plata, y saldrá un vaso para el orfebre» (Pr. 25:2, 4). El hombre sabio sabrá cómo aplicar la revelación de Dios a cada situación, pero es necesario conocerla bien e interpretarla bien.

Conclusión

El libro de Proverbios nos enseña a vivir como sabios. En otras palabras: amando, temiendo y sometiéndonos a la voluntad de Dios para nosotros. El que no hace esto es necio. Por lo tanto, si somos santos de Dios, apartados por y para Él, procuremos aprovechar la gran sabiduría divina en este precioso libro del Antiguo Testamento a la luz de la sabiduría revelada por Dios en el evangelio de su Hijo, «el cual se hizo para nosotros, sabiduría de Dios» (1 Co. 1:30).

4

Cristo, la sabiduría de Dios

HEBER TORRES

Los llamados siete sabios de Grecia vivieron alrededor del siglo VI a.C. A pesar de que apenas se conservan varias citas célebres y algún texto aislado, con el tiempo estos sabios se convirtieron en personajes casi legendarios,[1] al punto de ser considerados los genuinos precursores de grandes pensadores como Heráclito, Sócrates, Platón, Aristóteles y de cualquiera que aspirase a alcanzar el conocimiento de la verdad. En las páginas de las Escrituras, se nos habla de otras ilustres figuras usadas grandemente por Dios, como Moisés, formado con la sabiduría egipcia, en toda ciencia y conocimiento de la época (Hch. 7:22); como Salomón, a quién Dios concedió una porción superlativa de sabiduría e inteligencia para gobernar a su pueblo (2 Cr. 1:12); como Daniel, jefe supremo de todos los sabios de la gran Babilonia (Dn. 2:48); o Saulo de Tarso, discípulo aventajado del venerado Gamaliel (Hch. 22:3). Todos ellos tienen algo en común: ya fueran paganos o siervos del Dios viviente —aun habiendo

1. Para una introducción a la obra de estos siete sabios de la antigüedad, véase Álvaro Galmés de Fuentes, *Dichos de los siete sabios de Grecia: Sentencias morales en verso* (Barcelona: Editorial Gredos, 1991).

manifestado una eminente capacidad—, pertenecen al orden de seres creados. Entonces, por muy extraordinarias que hayan sido sus habilidades, estos hombres sonrojean ante la mera comparación con Jesucristo. El mismo Pablo lo confirma al decir que en Él «están escondidos todos los tesoros de la sabiduría y del conocimiento» (Col. 2:3). Cristo no es un buscador de la verdad, ni tan siquiera un sistematizador superdotado. El teólogo Bruce Ware, de manera simple pero categórica, nos indica quién es Cristo: «Él conoce todo lo que puede ser conocido y su uso y apropiación de ese conocimiento es perfecto».[2]

La supremacía de su sabiduría

El que era uno con el Padre desde antes de la fundación del mundo, se hizo hombre y habitó entre los hombres. Pese a ello, nunca dejó de ser lo que siempre había sido, el eterno Hijo de Dios (He. 13:8). No obstante, como resultado de su encarnación, en su humanidad, la segunda persona de la Trinidad creció y se fortaleció, no solo físicamente, sino también en sabiduría y conocimiento. Siendo todavía un muchacho, los maestros del templo se asombraban por la lucidez de sus planteamientos y preguntas (cp. Lc. 2:40, 47, 52). Con el tiempo, la admiración, la fascinación o el asombro resultaban expresiones comunes entre aquellos que acudían a escucharlo (Mr. 6:2). Y a pesar de la ceguera que limitaba el discernimiento de sus contemporáneos, aun sus acérrimos opositores se daban cuenta de que nadie hablaba como Él lo hacía (Mt. 7:28-29). Su incomparable sabiduría certificaba la legitimidad de su llamado mesiánico (Is. 11:1-4), y lo extraordinario de su discurso manifestaba cuál era el origen de este Jesús de Nazaret (Jn. 12:49; 14:10).

Muchos consideran a Jonathan Edwards como el más lúcido y brillante pensador que Norteamérica jamás haya producido. Sin embargo, al enumerar las excelencias de Cristo, él mismo

2. Bruce A. Ware, *The Man Christ Jesus: Theological Reflections on the Humanity of Christ* (Wheaton, IL: Crossway, 2012), p. 49.

confesaba lo siguiente: «Su conocimiento no tiene límite. Su sabiduría es perfecta y nadie puede abarcarla».[3] ¿Qué diremos de quien ha dado a conocer al sublime e invisible Dios? En palabras del apóstol Pablo: «Él es la imagen del Dios invisible, el primogénito de toda creación» (Col. 1:15). ¿Cómo nos referiremos a Aquel del que proceden todas las cosas que existen?:

> Porque en Él fueron creadas todas las cosas, *tanto* en los cielos *como* en la tierra, visibles e invisibles; ya sean tronos o dominios o poderes o autoridades; todo ha sido creado por medio de Él y para Él. Y Él es antes de todas las cosas (Col. 1:16-17a).

¿Cuál será nuestra valoración ante el Señor y mantenedor del orden que preside este inmenso universo del que formamos una ínfima parte?:

> Y en Él todas las cosas permanecen. Él es también la cabeza del cuerpo *que es* la iglesia. Él es el principio, el primogénito de entre los muertos, a fin de que Él tenga en todo la primacía [...] Porque de Él, por Él y para Él son todas las cosas. A Él *sea* la gloria para siempre. Amén (Col. 1:17b-18; Ro. 11:36).

A Él debemos la existencia, en su luz vemos la luz, y sus palabras son palabras de vida, aún más allá: de vida eterna, capaces de saciar el apetito del hambriento y proveer consuelo al alma afligida. ¿Quién puede competir con eso?

La singularidad de su sabiduría

En nuestros días, personajes como Bill Gates o Elon Musk aparecen en varias listas de éxito por haber sido capaces de crear e

3. Jonathan Edwards, *The Excellency of Christ* (Nueva York, NY: Scriptura Press, 2015), posición 86, edición Kindle.

innovar en el sector de la tecnología, y así, llegar a liderar los primeros puestos entre los personajes más ricos del mundo. Sin duda, representan el prototipo de hombre sabio contemporáneo: creativos e influyentes. Pero la sabiduría que Dios ha querido revelar por medio de su Hijo es distinta a lo que la humanidad ha conocido a lo largo de su historia.

Como muestra de ello, considera la siguiente referencia que encontramos en el Nuevo Testamento. En su primera carta a los Corintios, Pablo se dirige a una congregación dividida en facciones personalistas y fascinada por la sabiduría de sus contemporáneos. El carisma de ciertos líderes o las dotes discursivas de determinados maestros habían nublado su entendimiento, generando preferencias que causaban fricciones entre los hermanos. Lejos de defender su posición en el *ranking* de los más locuaces, el apóstol establece dos categorías bien diferenciadas: la sabiduría de Dios y la sabiduría que procede de este mundo. A la luz de la primera, aun la combinación de todas las demás resulta tan insignificante como incompetente:

> Pues ya que en la sabiduría de Dios, el mundo no conoció a Dios por medio de *su propia* sabiduría, agradó a Dios mediante la necedad de la predicación salvar a los que creen [...] Porque la necedad de Dios es más sabia que los hombres, y la debilidad de Dios es más fuerte que los hombres (1 Co. 1:21, 25).

Pablo insiste en que esta sabiduría de Dios ha sido manifestada de manera clara por medio del Cristo crucificado (1 Co. 1:24), y desvela una de las grandes paradojas del evangelio: no son las élites políticas o económicas, tampoco los académicos mejor preparados, ni siquiera los más religiosos del lugar los que tienen acceso a esta clase de sabiduría. Solamente a los que están en Cristo —por muy humilde que sea su condición—, ha placido a Dios hacerlos partícipes de un conocimiento imposible de comprender por carne ni sangre. Su inconmensurable sabiduría se revela y se alcanza exclusivamente por medio de la obra de redención de su Hijo (1 Co. 1:30).[4] Dios ha hecho esto de tal manera que toda la gloria sea para Él.

Apocalipsis nos ofrece una escena con el Cristo resucitado aclamado en los cielos por un coro conformado por miríadas de miríadas de ángeles y seres vivientes que, a gran voz, reclaman la alabanza y el reconocimiento del Salvador. Esta adoración tiene su origen, entre otras cosas, en la calidad única de la sabiduría desplegada en la obra de redención llevada a cabo por Cristo (Ap. 5:12), ya que, en Él, y solamente en Él, es revelado el misterio de la piedad (1 Ti. 3:16). En Cristo, y solamente en Cristo, hallamos al único nombre bajo el que podemos ser salvos (Hch. 4:12). Como expresó Thomas Goodwin varios siglos atrás: «Él es el sol en lo relativo al conocimiento tanto como a la justicia, y no hay nada escondido de su luz y su brillo que no pueda atravesar en los rincones más oscuros de los corazones de los hijos de los hombres».[5] Ante tal excelsa muestra de sabiduría y poder, caemos rendidos a los pies del que es Cordero y León, y nos sumamos a los integrantes de ese coro celestial para exaltar al autor de nuestra salvación: «Al que está sentado en el trono, y al Cordero, *sea* la alabanza, la honra, la gloria y el dominio por los siglos de los siglos» (Ap. 5:13b). ¡En su eterna sabiduría, aun a pesar de conocernos exhaustiva y plenamente, quiso salvarnos a ti y a mí!

La suficiencia de su sabiduría

Nunca han existido tantos estudios sobre cualquier ámbito del saber como sucede en el tiempo actual. Cada año se publican más

4. Un buen número de comentaristas coincide en que esta «sabiduría de Dios» de la que habla el apóstol aquí se hace efectiva en la vida de todo creyente por medio de la obra de Cristo mediante su justificación, santificación y redención. Véase, como ejemplo, Simon J. Kistemaker, *Comentario al Nuevo Testamento: 1 Corintios* (Grand Rapids: Libros Desafío, 1998), p. 75.

5. Thomas Goodwin, *The Heart of Christ* (Louisville, KY: GLH Publishing, 2020), posición 1181, edición Kindle.

libros de los que nunca podremos comprar y ¡mucho menos leer! Los eruditos y expertos se cuentan por miles de millares, y las corrientes y líneas de investigación resultan innumerables. En un mundo saturado de información, algunos insisten en aplicar algunos de estos sistemas para potenciar o defender la fe cristiana. Muchas congregaciones utilizan principios cambiantes usados en otras disciplinas como estrategia para el crecimiento o la multiplicación del cristianismo. Pero ¿es esto lo que necesita la Iglesia? ¿Es este el llamado para el creyente? Cuando nos aproximamos a la persona de Cristo por medio de las Escrituras, nos damos cuenta de que no existe mejor alternativa que rendirse ante Uno que es digno de toda confianza, quien es poderoso para librarnos del poder del pecado y capaz de llevar a cabo todos sus propósitos. Me refiero a Aquel que, siendo el primero en sabiduría y valor, se humilló hasta la muerte, y muerte de cruz, para acercar a Dios a los que se arrepienten de su triste condición.

Del mismo modo que ocurre con todos los demás atributos que forman parte de su naturaleza divina, la sabiduría del Hijo es eterna, infinita y absolutamente precisa. Y lo mejor de todo ello es que la Palabra de Dios nos asegura que, si estamos en Cristo, hemos recibido acceso a esta sabiduría que no es de este mundo. Exclusivamente por obra del Espíritu de Dios, nosotros sus hijos «tenemos la mente de Cristo» (1 Co. 2:16). ¿Cómo encomendarnos a otra cosa? No solo es todo lo que necesitamos, sino que es lo mejor que podría habernos sucedido. John Owen lo entendió muy bien y lo sintetizó de manera acertada:

> Debemos estar absolutamente seguros de que esta gloria de Cristo en su naturaleza humana y divina es el mejor, el más noble y más útil tema en que podemos pensar. El apóstol Pablo dice que todas las demás cosas son como pérdida, y en comparación con esta verdad, como el estiércol (Fil. 3:8-10).[6]

---

6. John Owen, *La gloria de Cristo* (Graham, NC: Faro de Gracia, 1999), p. 15.

Crecer en semejanza con Cristo implica necesariamente avanzar por la senda marcada por su sabiduría. No hay otro camino más excelente ni fructífero que este, ni sustituto posible. No te dejes seducir ni arrastrar por ofertas menores, por eficaces o atractivas que estas puedan resultar a primera vista. Si el Padre encuentra satisfacción en su Hijo amado, y en su sabia voluntad ha decidido compartirlo con este mundo caído, no podemos nosotros conformarnos con menos (Mt. 17:5; Jn. 3:16). En ese sentido, solo en la medida en la que estemos familiarizados con su persona y su obra, podremos admirarlo más y obedecerlo mejor. Ese era el énfasis, precisamente, de la oración del apóstol en favor de los creyentes en Éfeso:

> *También ruego* que arraigados y cimentados en amor, ustedes sean capaces de comprender con todos los santos cuál es la anchura, la longitud, la altura y la profundidad, y de conocer el amor de Cristo que sobrepasa el conocimiento, para que sean llenos hasta *la medida de* toda la plenitud de Dios (Ef. 3:17b-19).

Para ello, nada mejor que vivir a la luz de lo revelado en las Escrituras. Cuando la Palabra de Cristo habita en abundancia en medio de nosotros, su sabiduría nos preside y estamos en condiciones de enseñarnos y amonestarnos unos a otros. Además, brota en nosotros un espíritu de gratitud y alabanza a nuestro Dios, al reconocer que todo lo que somos y hacemos es resultado de lo que Cristo ha ganado a nuestro favor (Col. 3:16-17). Haz de la sabiduría de y en Cristo tu alimento diario. Nada te brindará mejores valores y nutrientes, y producirá un beneficio espiritual a tu vida y a la de tu familia.

Conclusión

Reconociendo que tenemos este tesoro en vasos de barro (2 Co. 4:7), hagamos como George Whitfield, quien poniendo a un lado todo lo demás, animaba a su audiencia a hacer lo mismo por medio de esta exhortación: «Dejemos que nuestras palabras y nuestras acciones declaren al mundo de quiénes somos discípulos y que verdaderamente nos propongamos no saber otra cosa que a Jesucristo y a este crucificado».[7] Esta es y debe ser la prioridad siempre. Con base en la evidencia que vemos en las Escrituras, es claro que ¡ni aún diez mil vidas serían suficientes para contar las riquezas de la sabiduría de Cristo! Seamos hombres valientes que proclaman a Cristo y que exhiben las glorias de Cristo en su vida.

7. Sermón predicado por George Whitfield en una de sus célebres giras de predicación, basado en 1 Corintios 2:2. George Whitfield, «El conocimiento de Cristo, el mejor conocimiento», Blue Letter Bible, visitado el 30 de octubre de 2022, https://www.blueletterbible.org/Comm/whitefield_george/Sermons/witf_045.cfm. Recurso en inglés.

PARTE 2

La sabiduría en la historia de la Iglesia

5

La sabiduría según Juan Crisóstomo y Agustín de Hipona

ROBERTO SÁNCHEZ

Tal vez te preguntes por qué incluir en este libro un capítulo sobre la sabiduría de dos hombres que fueron parte de los ahora llamados Padres de la Iglesia.[1] La respuesta es sencilla: porque tienen mucho que enseñarnos en cuanto al tema de la sabiduría. ¡Cuán relevantes siguen siendo los postulados de estos hombres en este tiempo en que se suele ignorar el pasado! Por lo tanto, mi interés en este capítulo es que, después de leerlo, tengas una buena compresión acerca de la sabiduría y de la importancia de vivir sabiamente —así como las consecuencias de vivir como un necio—. Por la brevedad del espacio, nos concentraremos

1. «Los escritos de los Padres de la Iglesia se agrupan tradicionalmente en: los Padres antenicenos: los escritos desde el comienzo del período subapostólico (80 d.C.) hasta el Primer Concilio de Nicea en el 325 d.C.; los Padres nicenos y posnicenos: los escritos desde alrededor del tiempo del Primer Concilio de Nicea (325 d.C.) hasta el Segundo Concilio de Nicea (787 d.C.). Los escritos de los "Padres antenicenos" y los "Padres nicenos y posnicenos" se agrupan adicionalmente en los escritos de los Padres de la Iglesia griega y los Padres de la Iglesia latina». Micah Wierenga, «Church Fathers», editado por John D. Barry *et al.*, *The Lexham Bible Dictionary* (Bellingham, WA: Lexham Press, 2016).

en dos figuras, quienes son representativas de este período de la historia de la Iglesia. Pero antes de entrar a descubrir a estos hombres ilustres, observemos primero el contexto secular que rodeaba a los Padres, especialmente en cuanto al tema de la sabiduría.

La sabiduría según griegos y romanos

Las tradiciones filosóficas antiguas han debatido el tema de la sabiduría. Para algunos, la sabiduría era un asunto práctico, simplemente un intento por obtener el éxito en la vida. Para otros era un estudio filosófico con el fin de encontrar la esencia de la vida. Sin embargo, para los cristianos, y especialmente para los Padres de la Iglesia, la sabiduría era algo más que pragmatismo o un estudio filosófico: la consideraban por naturaleza una búsqueda espiritual. Para ellos la sabiduría venía de Dios.

Christopher A. Hall, un teólogo experto en la patrística,[2] argumenta que los Padres de la Iglesia estaban familiarizados con la sabiduría de los griegos y los romanos, especialmente las enseñanzas aristotélicas.[3] Muchos de ellos habían recibido una educación sólida de los grandes filósofos griegos, y las ideas sobre asuntos de moralidad, filosofía y sabiduría era familiares para ellos.[4] En resumen, los Padres de la Iglesia no eran ignorantes de la filosofía griega y romana.

Entre las enseñanzas que impartían los griegos, se hablaba sobre la buena vida, que era el resultado de la sabiduría. Ellos describían a un hombre sabio en términos de «adquisición de

---

2. El término «patrística» se refiere «al estudio de los Padres» de la Iglesia. Alfonso Ropero, *Obras de los padres apostólicos* (Barcelona, España: Editorial Clie, 2018), p. 21.

3. Christopher A. Hall, *Living Wisely with the Church Fathers* (Westmont, IL: IVP Academic, 2017), pp. 10-12.

4. De hecho, «la *paideia* o educación griega, el currículo y método griego diseñado para enseñar a los niños cómo vivir bien como miembros de la sociedad griega, era familiar para muchos de los Padres de la Iglesia». Hall, *Living Wisely with the Church Fathers*, p. 10.

conocimiento moral y la práctica de la virtud».[5] Por tanto, para los filósofos griegos, la ignorancia debía ser erradicada, pues vivir en la ignorancia era vivir en el error, lejos de la sabiduría.[6] Para ellos, eso era por definición únicamente una cosa: necedad. Aristóteles creía que el necio no prosperaría legítimamente, pues su ignorancia y su falta de virtud lo llevarían a no ser una persona de bien.[7] Por tanto, en la sabiduría de los griegos, el hombre necesitaba conocimiento moral y habituarse a las virtudes que el conocimiento produce, lo que se tratará a continuación.

Este habituarse era para los griegos la ética, o el *ethos*, que significa «hábito». Tal como sugiere Aristóteles: «La única forma de desarrollar un hábito es elegir hacerlo. Si la justicia ha de marcar mi carácter, si he de convertirme en una persona con una disposición justa, la elección de actuar con justicia debe convertirse en una respuesta habitual en mí hacia los que me rodean».[8] En palabras de Hall: «El conocimiento (comprensión de la naturaleza de la justicia) se combina con la práctica (actuar de manera justa) para formar una persona justa, que esté dispuesta a actuar habitualmente de manera justa».[9] Es decir, el conocimiento combinado con la práctica forma el carácter de una persona sabia.

Por otro lado,

> el ignorante es aquel que no conoce el bien e inevitablemente lleva una vida necia impulsada por deseos necios, una

---

5. *Ibíd.* A menos que se indique lo contrario, todas las traducciones de este capítulo fueron realizadas por el escritor.

6. En palabras de Hall, «la ignorancia tiene que ser superada», y cita entonces a Aristóteles para probar el punto: «Sin duda, todo hombre malo ignora lo que debe hacer y lo que debe abstenerse de hacer, y es precisamente esta ignorancia la que hace que las personas sean injustas y malvadas». Hall, *Living Wisely with the Church Fathers*, p. 10.

7. Si alguien continua «[siendo] ignorante de lo que son las virtudes y lo que implica su cultivo, Aristóteles [lo] tacharía de tonto y no dudaría de que [su] vida nunca alcanzará un verdadero florecimiento y plenitud». Hall, *Living Wisely with the Church Fathers*, p. 10.

8. *Ibíd.*

9. *Ibíd.*, p. 11.

> vida que se daña a sí misma y a los demás. Piensa y actúa falsamente y deja de pensar y hacer las cosas que deberían hacerse, cosas que, por así decirlo, encarnan la verdad. El resultado infeliz es el desastre moral, para la persona ignorante y para la sociedad en general en la que vive.[10]

Sin duda, es un resumen categórico de lo que la Biblia llama un «necio», ¿no es así? Es más, Aristóteles estaba convencido de que solamente las personas sabias hacían que una sociedad prosperara, y argumentaba que era la responsabilidad de los líderes y políticos enseñar a los hombres moralidad y entrenarlos en ello.[11] Hall resume lo anterior con una interesante acotación: «La mayoría de los lectores cristianos difícilmente podrían estar en desacuerdo con los énfasis principales de Aristóteles en su discusión sobre la conciencia moral y el comportamiento».[12]

La sabiduría según Juan Crisóstomo

Con toda seguridad, no algunos, sino todos los Padres de la Iglesia habrían estado en desacuerdo con esta sabiduría humana de los griegos, porque la orientación patrística era bíblica. En la Biblia, encontraban ellos una sabiduría no de hombres, sino de Dios. Tenían el legado apostólico que les modelaba la verdad, tal como Dios la había revelado. Por ejemplo, Pablo escribe a la iglesia en Corinto sobre el tema de la sabiduría de Dios y la del mundo:

> Por eso, cuando fui a ustedes, hermanos, proclamándoles el testimonio de Dios, no fui con superioridad de palabra o de sabiduría. Porque nada me propuse saber entre ustedes excepto a Jesucristo, y Este crucificado. Estuve entre ustedes con debilidad y con temor y mucho temblor, y mi mensaje y mi predicación no fueron con palabras persuasivas de sabidu-

10. *Ibíd.*
11. *Ibíd.*
12. *Ibíd.*

> ría, sino con demostración del Espíritu y de poder, para que la fe de ustedes no descanse en la sabiduría de los hombres, sino en el poder de Dios (1 Co. 2:1-5).

Este pasaje establece la diferencia entre la sabiduría de Dios y la sabiduría de los hombres. Muestra que la última está basada en elocuencia y competencia retórica, algo a lo cual los Padres renunciaron porque Pablo mismo renunció a ello. Él resolvió (como también los Padres) considerar la tradición filosófica grecorromana como vana y en oposición al evangelio de Jesucristo. Por ejemplo, en relación con este pasaje, el elocuente y respetado teólogo, obispo de Constantinopla de la Escuela de Antioquía, Juan Crisóstomo (347-407 d.C.), escribió que Pablo

> había enseñado la sabiduría de Dios, en que por medio de lo que parecía ser una tontería, destruyó la filosofía de los gentiles; había demostrado que la «necedad de Dios es más sabia que los hombres»; había enseñado que no solo enseñaba por personas no enseñadas, sino que también elegía a personas no enseñadas para aprender de Él.[13]

Crisóstomo insiste que Pablo había llegado a Corinto con la determinación de no basar su predicación en la gran elocuencia ni la sabiduría humana, común a los gentiles, sino en el poder: predicando al Cristo crucificado. Crisóstomo contrasta esta sabiduría de la siguiente manera:

---

13. John Chrysostom, «Homilies of St. John Chrysostom, Archbishop of Constantinople, on the First Epistle of St. Paul the Apostle to the Corinthians», en *Saint Chrysostom: Homilies on the Epistles of Paul to the Corinthians*, editado por Philip Schaff, traducido por Hubert Kestell Cornish, John Medley y Talbot B. Chambers, vol. 12, A Select Library of the Nicene and Post-Nicene Fathers of the Christian Church, First Series (Nueva York, NY: Christian Literature Company, 1889), p. 29.

> Por lo tanto, la expresión, «nada me propuse saber», se habló en contraposición a la sabiduría que viene de fuera. «Porque no vine tejiendo silogismos ni sofismas, ni diciéndoles nada más que "Cristo fue crucificado"». De hecho, tienen diez mil cosas que decir, y hablan concerniente a diez mil cosas, terminando largas disertaciones, enmarcando argumentos y silogismos, componiendo sofismas sin fin. Pero yo vine a ustedes diciendo nada más que «Cristo fue crucificado», y a todos ellos los superé: que es una señal como ninguna palabra puede expresar del poder de Aquel a quien predico.[14]

Además, «no es menosprecio, por lo tanto, que el evangelio no haya sido declarado por medio de la sabiduría; más bien es un adorno muy grande [...] es la muestra más clara de su ser divino y de tener sus raíces desde arriba, fuera de los cielos».[15] Crisóstomo llama a la sabiduría del mundo «ignorancia», porque hace vana la cruz de Cristo.

La sabiduría según Agustín de Hipona

En las confesiones de Agustín de Hipona (354-430 d.C.), el famoso teólogo y filósofo cristiano, notamos el mismo énfasis por Cristo como la sabiduría última dada a los hombres. En su libro sobre confesiones, Agustín narra un episodio en primera persona cuando apenas tenía 19 años, sobre la relación de la sabiduría de los filósofos del mundo con la de Dios. Este teólogo había descubierto un libro de filosofía de Cicerón llamado «Hortensio» (45 a.C.), en el cual Cicerón, uno de los más grandes filósofos y retóricos romanos, argumenta que la búsqueda de la filosofía es la mejor empresa a la cual el hombre puede dedicarse. Sin embargo, Agustín escribe su confesión acerca de la sabiduría en términos cristológicos diciendo lo siguiente:

14. *Ibíd.*
15. *Ibíd.*, p. 30.

> Estudié libros de elocuencia, en los que estaba ansioso por ser eminente desde un propósito condenable e inflado, incluso un deleite en la vanidad humana. En el curso ordinario del estudio, iluminé cierto libro de Cicerón, cuyo lenguaje, aunque no su corazón, casi todos admiran. Este libro suyo contiene una exhortación a la filosofía, y se llama Hortensio. Este libro, en verdad, cambió mis afectos, y dirigió mis oraciones a Ti mismo, oh Señor, y me hizo tener otras esperanzas y deseos. Inútil de repente se convirtió en toda vana esperanza para mí; y, con una increíble calidez de corazón, anhelaba una inmortalidad de sabiduría, y comencé ahora a surgir para poder regresar a Ti.[16]

En el primer párrafo de este mismo libro sobre confesiones, Agustín comienza con una dulce invocación a Dios exaltando su sabiduría, pues había descubierto una manera mejor de pensar: no como los filósofos del tiempo, sino como un cristiano. Agustín, con una nota sobre la sabiduría (*sapientia*), dice en su oración: «Grande Tú, oh, Señor, y grandemente digno de ser alabado; grande es Tu poder, y Tu sabiduría no tiene fin». En el mismo párrafo, prosigue con las palabras célebres: «porque Tú nos has formado para Ti mismo, y nuestros corazones están inquietos hasta que encuentran descanso en Ti». Agustín reconoce que ese descanso del alma se encuentra solamente en Cristo: «Oh Señor, mi fe te invoca —esa fe que me has impartido, que has soplado en mí mediante la encarnación de Tu Hijo, por medio del ministerio de Tu predicador».[17]

Para Agustín, la sabiduría no era solamente un asunto de conocimiento foráneo de Dios y de Cristo, como lo distinguen David K. Clark y John S. Feinberg:

---

16. Augustine of Hippo, «The Confessions of St. Augustin», en *The Confessions and Letters of St. Augustin with a Sketch of His Life and Work*, editado por Philip Schaff, traducido por J. G. Pilkington, vol. 1, A Select Library of the Nicene and Post-Nicene Fathers of the Christian Church, First Series (Buffalo, NY: Christian Literature Company, 1886), pp. 61-62.

17. *Ibíd.*, p. 45.

> Agustín prefirió la palabra «sabiduría» (en latín, *sapientia*) a «conocimiento» (en latín, *scientia*; básicamente *episteme* en griego y *wissen* en alemán) como una descripción de la reflexión cristiana sobre Dios. *Sapientia* es la comprensión contemplativa de las cosas divinas y eternas. *Scientia* es el conocimiento activo de las cosas mundanas y temporales. La palabra «ciencia» vendría más tarde a denotar una disciplina académica, como en la frase «reina de las ciencias». Más tarde aun, en los tiempos modernos, llegaría a significar el método de observación empírica y explicación, como en la «ciencia moderna». Pero en el sentido de Agustín, la teología va más allá de la mera ciencia a la sabiduría, ya que el creyente ordena o aplica el conocimiento de acuerdo con el bien supremo, específicamente, el amor de Dios. La sabiduría, entonces, es conocimiento dirigido a la salvación.[18]

Entonces, como correctamente lo describen Clark y Feinberg, la sabiduría no es simplemente conocimiento acerca de Dios, «sino conocimiento dirigido a conocer y amar a Dios personalmente. Es información aplicada con fines de transformación. Es "el conocimiento comprometido que conecta emocionalmente al conocedor con lo conocido"».[19]

Agustín, en otras de sus confesiones, es muy enfático en cuanto a la sabiduría de Dios:

> Contigo [Dios] está la sabiduría. En griego, el amor a la sabiduría se llama «filosofía», con la que ese libro [Hortensio] me inflamó. Hay algunos que seducen por medio de la filosofía, bajo un nombre grande, seductor y honorable, coloreando y adornando sus propios errores. Y casi todos los que en ese y pasados tiempos fueron tales, están en ese libro censurados y señalados. También se revela la más saludable amonestación

18. David K. Clark y John S. Feinberg, *To Know and Love God: Method for Theology* (Wheaton, IL: Crossway, 2003), p. 36.
19. *Ibíd.*, pp. 36-37.

> de Tu Espíritu, por Tu siervo bueno y piadoso: «Miren que nadie los haga cautivos por medio de *su* filosofía y vanas sutilezas, según la tradición de los hombres, conforme a los principios elementales del mundo y no según Cristo. Porque toda la plenitud de la Deidad reside corporalmente en Él» [citando Col. 2:8-9]. Y puesto que en ese momento (como Tú, oh Luz de mi corazón, sabes) las palabras del apóstol eran desconocidas para mí, me deleité con esa exhortación, en la medida en que así fui estimulado, encendido e inflamado para amar, buscar, obtener, sostener y abrazar, no esta o aquella secta, sino la sabiduría misma, fuera lo que fuera; y solo esto me comprobó así ardientemente, que el nombre de Cristo no estaba en ese libro. Porque este nombre, según Tu misericordia, oh, Señor, este nombre de mi Salvador Tu Hijo, tenía mi tierno corazón piadosamente intoxicado, profundamente atesorado incluso como la leche de mi madre; y todo lo que estaba sin ese nombre, aunque fuera tan erudito, pulido y veraz, no se apoderó completamente de mí.[20]

Con estas declaraciones, Agustín se separa de los filósofos y centra su sabiduría en Dios por medio de Cristo, uno de los temas más dominantes en la teología agustiniana. Esta perspectiva teológica agustiniana impactó a los teólogos medievales, como lo describen Clark y Feinberg: «En una palabra, Agustín aconsejó: "Primero cree, luego entiende". Su punto de vista fue bien recibido durante siglos. San Anselmo (1033-1104), por ejemplo, hizo eco de Agustín: "No busco entender para poder creer, pero creo para entender. Por esto también creo, que a menos que crea, no podría entender"».[21]

El teólogo e historiador Benjamin T. Quinn, en su recomendable libro sobre la teología de la sabiduría de Agustín, explica que este entendía la sabiduría en tres dimensiones: Dios, Cristo

20. Augustine of Hippo, «The Confessions of St. Augustin», en *The Confessions and Letters of St. Augustin with a Sketch of His Life and Work*, p. 62.

21. Clark y Feinberg, *To Know and Love God*, p. 36.

y la humanidad. Quinn argumenta que a pesar de que la sabiduría pudiera gozar de otros ingredientes, la «sapienciología» agustiniana se profundiza y madura en relación con su cristología. Quinn escribe:

> La sabiduría vive en el centro de la infraestructura intelectual de Agustín como el Cristo encarnado, manteniendo unida toda la realidad visible e invisible. En virtud de este lugar central, la sabiduría condimenta todo el pensamiento de Agustín relacionado con cada doctrina mayor y menor en sus enseñanzas. No se detiene en el nivel de la doctrina, sino que también invade la praxis cristiana como se ve, por ejemplo, en su énfasis en el amor a Dios y al prójimo, y en su énfasis en la virtud.[22]

Agustín tenía la firme convicción de que, por la revelación de Dios, aprendería sabiduría que lo llevaría a la práctica, tal como Él espera de sus hijos.

Conclusión

Se puede decir que, para los Padres de la Iglesia, la esencia de la sabiduría era un asunto cristológico, bíblico y práctico. No era algo abstracto. Ellos hablaban de la sabiduría en términos cristológicos. Para ellos, la sabiduría era una persona: Jesucristo, pues afirmaban que «toda la plenitud de la Deidad reside corporalmente en Él» (Col. 2:9). No se trata de un simple conocimiento sobre Dios, sino de una relación con Dios por medio de Cristo, que nos lleva a amar a Dios íntimamente.

Otro concepto importante en la sabiduría patrística es que la sabiduría cristiana es bíblica. Constantemente, los Padres regresaban a las Escrituras para definir su sabiduría. Para los Padres,

---

22. Benjamin T. Quinn, *Christ, the Way: Augustine's Theology of Wisdom, Studies in Historical and Systematic Theology* (Bellingham, WA: Lexham Academic, 2022), pp. 238-239.

su concepto sobre la sabiduría en la persona de Cristo no era una innovación de ellos mismos, sino una tradición que comenzó con los apóstoles de Jesucristo en consideración al canon bíblico.

Por último, no podemos ignorar que la «sapienciología» de los Padres tiene que ver con amar a Dios y al prójimo. El fin de la sabiduría de los Padres era doxológico, buscaba maximizar la gloria de Dios en toda su existencia. Pero también, la sabiduría es un asunto práctico que impacta el conocimiento, la justicia, la familia, la virtud y la fe. En otras palabras, esta sabiduría: «Forma un carácter piadoso en los cristianos cuando viven en comunidad, y gobierna los afectos y las vidas de los cristianos fieles que sirven a Dios y transforman la cultura. Cualquier teología que pierda contacto con este objetivo se queda corta».[23]

23. Clark y Feinberg, *To Know and Love God*, pp. 36-37.

6

La sabiduría en la teología de Juan Calvino

ISRAEL GUERRERO

Después de haber gustado un poco del entendimiento de la sabiduría en la era de los Padres de la Iglesia, es oportuno ahora adelantar unos cuantos años y hacer algo similar con la era de la Reforma Protestante. Como hemos visto desde el primer capítulo, el principio, fundamento y aquello que nutre nuestra sabiduría es el temor a nuestro Dios. Por lo tanto, sin un conocimiento adecuado de quién es Él, no hay sabiduría alguna. Así, el aspecto práctico de la sabiduría siempre ha estado íntimamente ligado al conocimiento de Dios. Como veremos en este capítulo y el siguiente, la tradición reformada ha enfatizado un sano balance entre la teoría y la práctica a la hora de definir la teología. De esta manera, la teología reformada nos ayuda a entender la sabiduría desde una perspectiva teocéntrica con fuertes implicaciones para la vida diaria.[1]

Por cuestión de espacio, en este capítulo, me enfocaré en describir el concepto de sabiduría en la teología del que fue uno de los hombres más ilustres de la Reforma Protestante —Juan Calvino (1509-1564 d.C.)—, teniendo en cuenta dos puntos. El primero: el conocimiento de Dios y la sabiduría. El segundo:

1. Teocéntrico significa «centrado en Dios».

la ley de Dios como el parámetro de la sabiduría. Sin embargo, antes de exponer estos puntos, es primordial presentar de manera muy breve quién fue Juan Calvino.

Calvino, sobre el conocimiento de Dios y la sabiduría

El reformador francés —que posteriormente pastoreó en Ginebra, Suiza— nació en 1509. En 1528, Calvino entró a estudiar leyes. Tres años más tarde, viajó a París para consolidar sus estudios. En ese mismo año, su padre murió. A pesar de enfocar sus esfuerzos en los estudios académicos, algo ocurrió alrededor del 1533: Calvino experimentó una «súbita conversión» por el poder de Dios. Si bien él no destinó muchas palabras a esta experiencia, en el prefacio a su comentario de los Salmos (1557), Calvino nos indica que Dios llevó y sometió su mente a ser más enseñable. De la misma manera, y luego de estar contagiado con un «gusto de la verdadera piedad», describió lo siguiente: «Inmediatamente fui inflamado con un deseo tan intenso de progresar [en la piedad], que, aunque no dejé del todo los otros estudios, los perseguí con menos ardor».[2]

De esta manera, Dios utilizó su erudición académica para servir a la Iglesia con «uno de los pocos libros que han afectado profundamente el curso de la historia».[3] En 1536, la *Institución de la religión cristiana* vio la luz. Tres años más tarde, una nueva edición, más ampliada, apareció en latín y posteriormente, en francés en 1541. A partir de entonces, y hasta su última edición en 1559, el concepto de sabiduría (*sapientia*) aparece de inmediato en el primer párrafo del primer capítulo del Libro I de la *Institución*. Así podemos entender que la sabiduría juega

---

2. John Calvin, *Commentary on the Book of Psalms*, traducido por James Anderson, vol. 1 (Edimburgo, Escocia: Calvin Translation Society, 1845), xl-xli. A menos que se indique lo contrario, todas las traducciones de este capítulo fueron realizadas por el autor. Este párrafo y parte del próximo fueron modificados de «Calvino y el dominio propio» en *El dominio propio*, editado por Daniel Puerto y Josué Pineda Dale (Grand Rapids: Editorial Portavoz, 2022).

3. John T. McNeill, *The History and Character of Calvinism* (Oxford: Oxford University Press, 1954), p. 119.

un papel clave en la teología de Calvino, en especial su relación con el doble conocimiento que debemos tener. Es decir, en el conocimiento de quién es Dios y quiénes somos nosotros. En palabras de Calvino:

> Casi toda la suma de nuestra sabiduría, que de veras se deba tener por verdadera y sólida sabiduría, consiste en dos puntos: a saber, en el conocimiento que el hombre debe tener de Dios, y en el conocimiento que debe tener de sí mismo.[4]

La verdadera sabiduría consta de un doble conocimiento, uno teológico (de Dios) y otro antropológico (del hombre). Sin embargo, es esencial considerar que la antropología de Calvino siempre será una antropología teológica. Es decir, con su punto de partida en Dios y teniendo a Dios como el fin principal del hombre. En sus propias palabras:

> Por otra parte, es cosa evidente, que el hombre nunca jamás llega al conocimiento de sí mismo, si primero no contempla el rostro de Dios y, después de haberlo contemplado, desciende a considerarse a sí mismo. Porque estando arraigado en nosotros el orgullo y soberbia, siempre nos tenemos por justos, perfectos, sabios y santos, a no ser que con manifiestas pruebas seamos convencidos de nuestra injusticia, fealdad, necedad y suciedad.[5]

Ahora, para vivir sabiamente, es vital responder a la pregunta sobre qué entendemos por conocer a Dios. En primer lugar, no es un mero conocimiento intelectual donde entendemos que hay un Dios, sino un conocimiento donde hay fe. Es decir, donde se cree que hay un Dios y que ese Dios es creador y redentor del hombre.

---

4. Juan Calvino, *Institución de la religión cristiana*, volumen I (Rijswijk, Países Bajos: Fundación Editorial de Literatura Reformada, 1967), p. 3. I.I.1, es decir: página 3 del Libro I, Capítulo Primero, párrafo 1.

5. *Ibíd.*, pp. 3-4. I.I.2.

En otras palabras, un conocimiento que, al asentarse en el corazón del hombre, transforma por completo la vida del creyente. En la segunda edición de la *Institución*, Calvino escribe lo siguiente:

> Porque si la Palabra de Dios meramente revolotea en la cabeza, ella no ha sido todavía recibida por la fe; solamente es verdaderamente recibida, cuando ha echado raíces en lo profundo del corazón para ser una fortaleza que resiste y repele toda prueba que le asalte.[6]

En segundo lugar, el conocimiento experiencial de Dios lleva al hombre a vivir por Dios y para la gloria de Dios. Es decir, viviendo en verdadera piedad. De manera particular, Calvino define la piedad como «una reverencia unida al amor de Dios, que el conocimiento de Dios produce».[7] Así, la piedad lleva al hombre a vivir en todas las áreas de la vida de acuerdo con un constante conocimiento de Dios.[8] Es importante notar que el conocimiento de Dios —y los deberes que requiere del hombre— está regulado por la Palabra: «El camino por el cual llegamos a ser verdaderamente sabios es, primero, sometiéndonos a la Palabra de Dios, y no siguiendo nuestras propias imaginaciones; y, en segundo lugar, porque Dios abre nuestro entendimiento y lo somete a la obediencia de su voluntad».[9]

En resumen, para ser sabios necesitamos conocer quién es Dios, lo que Él ha hecho para nuestra salvación y, con base en

---

6. John Calvin, *Institutes of the Christian Religion*, traducido al inglés desde la primera edición en francés de 1541 por Robert White (Edimburgo, Escocia: The Banner of Truth Trust, 2014), p. 199. Comparar con Calvino, *Institución de la religión cristiana*, p. 440. III.2.36.

7. Calvino, *Institución de la religión cristiana*, p. 6. I.II.2.

8. Al final de la segunda edición de su *Institución de la religión cristiana*, Calvino escribe: «Dios ordena a cada uno de nosotros considerar su llamado (*vocationem*) en cada acto de la vida». Calvin, *Institutes of the Christian Religion*, p. 821.

9. Juan Calvino y James Anderson, *Comentario sobre el Libro de los Salmos*, vol. 5 (Bellingham, WA: Software Bíblico Logos, 2010), p. 47.

esto, cómo hemos de vivir. Dicho de otra manera, sabio es el creyente que se deleita en la armonía de la soberanía de Dios y la responsabilidad humana. En palabras de Calvino, la «sabiduría celestial» consiste en tres cosas: «(1) conocer a Dios; (2) su voluntad paternal, y su favor por nosotros, en el cual se apoya nuestra salvación; y (3) cómo debemos regular nuestra vida conforme a las disposiciones de su ley».[10] Así, vivimos sabiamente al conocer a Dios y deleitarnos en su voluntad expresada en su santa ley. Sobre este punto hablaremos a continuación.

¿Cómo hemos de vivir sabiamente? Deleitándonos en la ley de Dios

La gracia de Dios es tan liberadora que nos lleva a vivir de acuerdo con la ley de Aquel que la cumplió perfectamente por nosotros: Cristo. La misma gracia de Dios —que nos libra de la maldición de la ley— nos lleva a deleitarnos en su ley, cuya raíz es el amor. El amor es la base de la ley, es decir: amar a Dios con todo nuestro ser y amar a nuestro prójimo como a nosotros mismos.[11] Por lo tanto, cuando el Espíritu Santo regenera nuestros corazones, nos damos cuenta de que la ley no es nuestra enemiga, sino más bien nuestros ojos son abiertos para ver que el enemigo es el pecado que se opone a la santa ley de Dios. Al mismo tiempo, la ley cumplida por Cristo se convierte en el deleite proclamado por el salmista del Salmo 119. Así, este salmo es el canto y vida de aquellos que aman al Señor y guardan sus mandamientos.

---

10. Calvino, *Institución de la religión cristiana*, p. 188. II.2.18.

11. «Así pues, el Señor nos instruye en la primera tabla en la piedad y la religión con la que debemos honrar a su majestad; y en la segunda nos ordena de qué manera, a causa del temor y la reverencia que le tenemos, nos debemos conducir los unos con los otros. Y por esto nuestro Señor, como cuentan los evangelistas, resumió toda la ley en dos artículos: que amemos a Dios con todo nuestro corazón, con toda nuestra alma, con todas nuestras fuerzas; y que amemos a nuestro prójimo como a nosotros mismos (Mateo 22:37 y Lucas 10:27). Vemos cómo de las dos partes en las que se comprende toda la ley, Él señala una para Dios y la otra para los hombres». Calvino, *Institución de la religión cristiana*, p. 269. II.VIII.11.

A la vez, es vital recordar que caminamos sabiamente en la ley del Señor no para ser salvos, sino porque ya hemos sido salvados por pura gracia. Es decir, no somos salvos por nuestras obras, sino por medio de la fe, para así —como fruto de esto— realizar buenas obras. Una vida sabia es una vida que, al estar unida a Cristo, lo imita y obra de acuerdo con su ley. Esta es clave en la ética de Calvino. Así, nuestra unión con Cristo es el fundamento de nuestra comunión con Cristo, imitación de Cristo y de una vida que vive de acuerdo con la ley de Cristo, es decir, los Diez Mandamientos. Comentando el Salmo 119, Calvino dice que «una vida piadosa y justa consiste en andar en la ley de Dios».[12] Así también, «que los que observan fielmente la ley de Dios son verdaderamente felices». Los no felices son «los que son sabios en su propia presunción, o asumen una especie de santidad fantástica», y los felices son «aquellos que se dedican a sí mismos al pacto de Dios y dan obediencia a los dictados de su ley».[13]

Es significativo mencionar que Calvino da tres usos a la ley del Señor. El primero revela el pecado, la impotencia y la condenación del hombre. Así, la ley apunta y guía a Cristo.[14] El segundo uso de la ley consiste en restringir la injusticia y maldad en la sociedad civil.[15] Finalmente, el tercer uso, que para Calvino es «el principal», el cual lleva a los creyentes a vivir sabiamente, tiene lugar en aquellos donde reina y vive el Espíritu Santo. De esta manera, corazones llenos del Espíritu y la Palabra de Dios son corazones que se deleitan en la ley de Dios al conocer su voluntad por medio de ella. Así, para los creyentes, la ley es:

> Un excelente instrumento con el cual cada día pueden aprender a conocer mucho mejor cuál es la voluntad de Dios [...] Pues nadie ha llegado a tal extremo de sabiduría, que no pueda con el aprendizaje cotidiano de la ley ade-

---

12. Calvino, *Comentario sobre el Libro de los Salmos*, vol. 4, p. 403.
13. *Ibíd.*
14. Calvino, *Institución de la religión cristiana*, pp. 251-254. II.VII.6-9.
15. *Ibíd.*, pp. 254-255. II.VII.10.

> lantar diariamente más y más en el perfecto conocimiento de la voluntad de Dios.[16]

En resumen, crecemos en sabiduría cuando crecemos en nuestro deleite en la ley de Dios. Tal es la profunda unión y relación entre el conocimiento de Dios, el amor a Dios y guardar los mandamientos de Dios, que no podemos separar lo que Él ha unido. En palabras del apóstol Juan en su primera epístola, «el que dice: "Yo lo he llegado a conocer", y no guarda Sus mandamientos, es un mentiroso y la verdad no está en él» (1 Jn. 2:4). De la misma manera, «en esto sabemos que amamos a los hijos de Dios: cuando amamos a Dios y guardamos Sus mandamientos. Porque este es el amor de Dios: que guardemos Sus mandamientos, y Sus mandamientos no son difíciles» (1 Jn. 5:2-4).

Si la sabiduría, de acuerdo con Juan Calvino, está relacionada con el conocimiento de Dios y su ley, ¿cuándo fue la última vez que nos interesamos en estudiar, conocer y profundizar más acerca del ser de Dios —atributos y personas— y sus Diez Mandamientos? Sabiamente comprendemos que este interés jamás debe cesar en el corazón del creyente. Tenemos un reto por delante.

Conclusión

La sabiduría cristiana está totalmente cimentada en tener un conocimiento de Dios y de nosotros mismos. El conocimiento que tenemos de Él es totalmente experiencial. Es decir, transforma todas las facultades de nuestro corazón (intelecto, afectos y voluntad) para deleitarnos en el conocimiento del Dios trino. El Espíritu Santo regenera nuestros corazones y nos lleva a conocer al Padre en el rostro de Jesucristo. A la vez, el Espíritu de Dios nos aplica la obra consumada de Cristo para deleitarnos en su ley que, a la vez, es la voluntad de Dios expresada en los Diez Mandamientos. De esta manera, entendemos la sabiduría en su naturaleza teocéntrica y práctica.

16. *Ibíd.*, p. 255. II.VII.12.

Si queremos crecer en sabiduría, debemos crecer en el conocimiento de Dios. El necio afirma «en su corazón: "no hay Dios"» (Sal. 14:1). Lamentablemente, podemos caer en necedad cuando aun sabiendo que hay un Dios, vivimos como si no lo hubiera. Es decir, en una especie de ateísmo práctico. Uno de los principales motivos de esto es porque, tal vez, estamos sirviendo a un dios moldeado a nuestra imagen caída. Los malos frutos que expresan una falta de sabiduría en nuestras vidas, familias e iglesias tienen esta raíz: no conocemos a Dios.

¿Cuál es entonces la solución a esto? Conocer y amar al Dios que, en su infinita sabiduría, nos amó y conoció antes de la fundación del mundo. Estoy convencido de que nuestros sermones, estudios bíblicos, actividades, vocaciones y familias serán más bendecidos —y de bendición para otros— en la medida en que estén permeados con el conocimiento del Dios uno y trino. Por lo tanto, el desafío es vital e imperioso. Debemos profundizar en el conocimiento de qué es Dios (el ser de Dios con sus nombres y atributos) y quién es Dios (el Dios trino: Padre, Hijo y Espíritu Santo). Mientras más conocemos a Dios, más lo amamos. Y un maravilloso fruto de esto es el amor al prójimo.

Hay más sabiduría en amar al prójimo, que en odiarlo. Hay sabiduría en edificar el cuerpo de Cristo, no así en mutilarlo con divisiones carnales. Es más sabio tener una sana doctrina fundamentada en la verdad y en el amor, que poseer una doctrina que, por falta de sabiduría y amor, comience a enfermar y deformar, en vez de sanar y reformar. En palabras de Calvino: «estemos, pues, seguros de que nuestra vida estará del todo conforme con la voluntad de Dios y con las disposiciones de la ley, cuando resulte provechosa de todas las formas posibles a nuestro prójimo».[17] En resumen, la sabiduría nos invita a conocer el fundamento y fin de ella —el temor, conocimiento y gloria de Dios—, para así reflexionar en cómo podemos crecer hoy en nuestro amor a Dios y al prójimo de manera real y práctica.

17. *Ibíd.*, p. 303. II.VIII.54.

7

La sabiduría de Thomas Manton

ISRAEL GUERRERO

Después de haber estudiado un poco de la sabiduría en los Padres de la Iglesia y en la Reforma Protestante, echaremos un vistazo a la era del Puritanismo,[1] un período con mucha riqueza y profundidad en su reflexión bíblica y teológica, así como en su práctica. Las palabras de Santiago siguen teniendo vigencia desde que se escribieron en el primer siglo:

> ¿Quién es sabio y entendido entre ustedes? Que muestre por su buena conducta sus obras en sabia mansedumbre. Pero si tienen celos amargos y ambición personal en su corazón, no sean arrogantes y mientan *así* contra la verdad. Esta sabiduría no es la que viene de lo alto, sino que es terrenal, natural, diabólica. Porque donde hay celos y ambición personal, allí

1. El Puritanismo fue «un movimiento de reforma fuertemente influenciado por el calvinismo, pero [que] inicialmente [fue] parte de la Iglesia de Inglaterra [y] que tuvo su cenit en el siglo XVII en Inglaterra y América del Norte [...]. Fueron agentes de renovación cultural en esferas tan diversas como la poesía y la filosofía política, y dejaron una huella duradera en las colonias fundadas en Nueva Inglaterra». C. Stephen Evans, *Pocket Dictionary of Apologetics & Philosophy of Religion* (Downers Grove, IL: InterVarsity Press, 2002), p. 98.

> hay confusión y toda cosa mala. Pero la sabiduría de lo alto es primeramente pura, después pacífica, amable, condescendiente, llena de misericordia y de buenos frutos, sin vacilación, sin hipocresía. Y la semilla cuyo fruto es la justicia se siembra en paz por aquellos que hacen la paz (Stg. 3:13-18).

«El fin principal del hombre es el de glorificar a Dios y gozar de él para siempre». Esta oración —que corresponde a la primera respuesta del Catecismo Menor de Westminster (1648)— marcará para siempre el espíritu de la tradición cristiana reformada en distintos lugares, períodos y denominaciones evangélicas. Para la teología y cosmovisión reformada, no hay otro fin mayor que la gloria de Dios. Y en eso se deleita el cristiano. Por supuesto que esto también se reflejó en otros períodos y grupos dentro de la historia de la Iglesia. En esta línea, y dentro del protestantismo del siglo XVII, fueron los puritanos reformados quienes dejaron por escrito aquel principio que inspirará y fortalecerá una vida para la gloria de Dios.

El estudio de la teología puritana presenta grandes desafíos para los cristianos evangélicos. Esto es así porque los puritanos reflejaron una espiritualidad cimentada en la Palabra de Dios y que además estaba nutrida con la sabiduría de los Padres de la Iglesia y teólogos medievales. Por lo tanto, mientras estudiamos este grupo reformado (¡y también otros!), manifestamos la alegría de ser miembros de una Iglesia que ha permanecido por siglos debido a que Cristo es quien la ha sostenido. Así, cada período de la Iglesia ha expresado que las puertas del infierno jamás prevalecerán contra ella (Mt. 16:18). Dentro de esa Iglesia, los puritanos del siglo XVII fueron cristianos que encendieron los corazones de sus oyentes y lectores con sermones cimentados en la Palabra de Dios, que eran predicados con corazones ungidos con el Espíritu Santo para continuar y consolidar la Reforma.

Los puritanos ayudaron a consolidar y desarrollar la confesionalidad reformada. Sería un error pensar que la teología reformada es expresada solamente en los escritos de Juan Calvino (1509-1564); de hecho, los puritanos nos estimulan a ir mucho antes del teólogo ginebrino. En los escritos de ellos, es común encontrar referencias sobre los Padres de la Iglesia y teólogos medievales. En otras palabras, los puritanos nos invitan a considerar sabiamente una catolicidad[2] cristiana que es elemental para el desarrollo de la teología en nuestros distintos contextos. Así, encontramos una rica diversidad confesional en la unidad de la verdad.[3]

De esta manera, nos damos cuenta de que los puritanos nos estimulan a desarrollar una teología práctica cuyo principio fundamental es la Palabra de Dios, sin dejar de lado los credos y las confesiones de la Iglesia, como también a considerar la teología que se desarrolló después de ellos hasta el día de hoy. En resumen, los cristianos evangélicos haríamos muy bien al alimentar nuestros corazones con una rica dieta de teología puritana. Si nos preguntamos qué es teología desde una concepción puritana, dejemos que uno de sus representantes, William Ames (1576-1633), nos dé una definición: «Teología es la doctrina (enseñanza) de vivir para Dios [...], y los hombres viven para

2. Cuando hago referencia a «catolicidad» me refiero a lo siguiente: «La tercera marca tradicional de la Iglesia es la catolicidad. La Iglesia es católica. Y a menudo aquí se hace una distinción entre la "C" mayúscula, que se usa para la iglesia católica romana, y la "c" minúscula para describir esta marca de catolicidad. La palabra "católica" quiere decir simplemente universal y total, y por tanto, la Iglesia católica es la Iglesia de todo el mundo, difundida a través de todos los tiempos. No es solo una pequeña porción del pueblo de Dios, aquí o allá, o ahora o entonces, sino que somos todos nosotros. La Iglesia de Dios abarca el mundo, y Dios ama a todos los pueblos. La catolicidad generalmente se describe solo en términos de universalidad, pero la Iglesia católica también debe ser completa, sin perder nada de lo que debería estar allí». Darrell L. Bock *et al.*, «Catholicity», en *NT176 The Gospel Message in the Early Church*, Logos Mobile Education (Bellingham, WA: Lexham Press, 2016).

3. Un ejemplo de esto son las distintas confesiones reformadas; por ejemplo: la Confesión de Fe de Westminster (1646), la Confesión Belga (1561), el Catecismo de Heidelberg (1563), los Cánones de Dort (1618-19), así como otros documentos confesionales.

Dios cuando viven de acuerdo con la voluntad de Dios, para la gloria de Dios y Dios obra en ellos».[4]

Un importante puritano fue Thomas Manton (1620-1677), quien, para propósitos del tema que nos atañe en este libro, será un buen representante de la era del Puritanismo. La verdad es que podemos aprender mucho de este pastor, cuya simplicidad y profundidad teológica quedaron escritas en sus obras, que en total conforman veintidós volúmenes de acuerdo con la edición de 1873. Es justamente el volumen cuatro el que contiene un comentario práctico del libro de Santiago. Desde ahí podemos extraer profundos tesoros que sin duda edificarán la vida de todo cristiano. A continuación, expondré algunas de sus notas relacionadas con la diferencia entre la sabiduría de lo alto y la sabiduría terrenal de acuerdo con Santiago 3:13-18, mientras reflexionamos al mismo tiempo sobre qué tipo de sabiduría estamos albergando en nuestras vidas.

Principios de la sabiduría

Para Manton, la sabiduría está íntimamente ligada a un conocimiento que no está separado de la práctica: «El primer requisito de la verdadera sabiduría es honrar el conocimiento con práctica».[5] Es decir, a mayor conocimiento, mayor es el deber para con otros. Este deber no está solamente relacionado con palabras, sino con la vida misma. Hay sabiduría cuando entendemos que, por más que hablemos o escribamos correctamente, es la vida lo que refleja aquello que está en nuestro corazón. De acuerdo con Manton, «un cristiano es mejor conocido por su vida que por su discurso».[6]

Además, la sabiduría está relacionada con la mansedumbre. En otras palabras, «cuanta más sabiduría verdadera, más man-

4. William Ames, *The Marrow of Divinity* (Grand Rapids: Baker Books, 1997), p. 77.

5. Thomas Manton, *The Complete Works of Thomas Manton, D.D.*, vol. 4 (Londres: James Nisbet & Co., 1873), p. 299.

6. *Ibíd.*

so».[7] De la misma manera, a mayor sabiduría, mayor humildad. Así, mientras más crecemos en el conocimiento de Dios, más sabios deberíamos ser al entender cuán grande es Él y cuán pequeños somos nosotros. El conocimiento de las doctrinas de la gracia debería hacernos más mansos y humildes, de lo contrario solo estaremos expresando necedad: «El orgullo y la necedad siempre van juntos, y así también la humildad y la sabiduría».[8] En resumen, y tal como vimos en el capítulo anterior, la sabiduría presenta una naturaleza teórico-práctica que involucra la mente, las palabras, el corazón, el comportamiento y la vida misma. Pero ¿qué pasa si en realidad hay envidias, celos y pleitos que están maquillados con un rótulo de «sabiduría»? De acuerdo con Santiago —tal como vimos al principio del capítulo—, esa es una sabiduría «terrenal, natural, diabólica» (Stg. 3:15).

Hipocresía cubierta de «sabiduría»

«La hipocresía es una mentira práctica», nos dice Manton de manera categórica. La raíz de los males de la lengua se encuentra en un corazón envidioso que, en pretensión de celo y justicia, en realidad cultiva «celos amargos». El celo incubado en corazones celosos amarga a todos los que nos rodean, haciéndonos desagradables con quienes entablamos conversaciones en nombre de la justicia. La envidia es peligrosa porque se desarrolla en conjunto con las «ambiciones personales» o, mejor dicho, con los «pleitos». Según Manton, la «envidia es la madre de las disputas. A menudo están acopladas».[9] De esta manera, debido a su definición, la envidia nos hará perseguidores de otros. Manton describe lo siguiente:

> La envidia es un deseo ansioso de nuestra propia fama, y una difamación de lo que otros tienen [...] Descontento por el

7. *Ibíd.*, p. 300.
8. *Ibíd.*, p. 301.
9. *Ibíd.*, p. 302.

> estado bueno y próspero de otro hombre [...] En las cosas carnales es miserable, en las cosas superiores es diabólica; por una parte, participamos con las bestias, que vorazmente buscan quitarse la presa unos a otros; por otra parte, con los demonios y ángeles malos, que, caídos de la felicidad, ahora maldicen y envidian a los que la disfrutan.[10]

Una supuesta sabiduría que alberga envidia no es más que animal y diabólica. Manton nos invita a tomarnos en serio a nuestros enemigos. La envidia es uno de ellos. Por más sana doctrina y ortodoxia doctrinal que tengan nuestras cabezas, la envidia será un horrible impedimento para crecer en nuestra comunión con Dios y los demás.[11] La envidia a veces solo utilizará la excusa de precisión doctrinal para decir con la boca —o en una red social— *soli Deo gloria*, cuando en realidad estamos buscando nuestra propia gloria.

Todo lo anterior no es más que la sintomatología de un hipócrita. «La envidia y la contienda van a menudo bajo la máscara del celo», dice Manton. La raíz de la hipocresía puede ser descrita como (una) falta de un cristianismo real o experiencial. De hecho, «los hipócritas tienen tan poco del poder de la religión, que ellos adoran su propia forma». Tristemente, «la hipocresía y las pretensiones carnales son el peor tipo de mentiras».[12] El origen de toda esta sabiduría hipócrita está en que no proviene de lo alto, sino que es sensual y diabólica. Por lo tanto, vuelve a su origen. Por el contrario, la sabiduría que proviene de lo alto —de Dios— «llevará el alma a Dios, tal como los ríos regresan al mar desde donde ellos vienen».[13] En resumen, debemos mortificar todo tipo de envidias, celos, contiendas y ambiciones personales. De lo contrario, seremos una plaga, puesto que «un espíritu envidioso y

---

10. *Ibíd.*, pp. 303-304.
11. Por ortodoxia me refiero a la profesión de las correctas doctrinas clásicas cristianas y, en este caso, también a las doctrinas reformadas.
12. Manton, *The Complete Works of Thomas Manton, D.D.*, p. 305.
13. *Ibíd.*, p. 307.

orgulloso puede deshacer una comunidad. Miren sus corazones entonces; es una cosa triste ser la plaga y las pestes de su país».[14]

Estimado lector, la sabiduría hipócrita que hemos descrito aquí es sencillamente necedad. Necesitamos urgentemente desarraigar toda sabiduría carnal de nuestro corazón. Para eso, necesitamos la sabiduría que proviene de Dios.

Sabiduría de lo alto

Para Manton, la sabiduría de lo alto es esencial para los cristianos. De lo contrario, aunque poseamos sana doctrina u ortodoxia en nuestras mentes y labios, nuestro comportamiento necio solo dará a conocer una «heterodoxia práctica». Por eso, Manton pregunta retóricamente: «¿Qué es más sabio que dirigir las acciones en el temor de Dios, direccionarlas a la gloria de Dios y conformarlas a la voluntad de Dios?».[15] Ciertamente, las acciones que nacen de un corazón sabio son puras y están llenas de paz.

La paz es un fruto de alguien que atesora la sabiduría de lo alto. La paz es importante, porque tiene un origen divino. Según Manton, «la paz es la compra de Cristo, la obra del Espíritu. El gran diseño del cielo fue hacer las paces entre dos de los mayores enemigos: Dios y el hombre pecador. [La paz] es uno de los grandes privilegios del cielo».[16] Por eso, «la verdadera sabiduría es pacífica y está vacía de celos y contiendas».[17]

Para Manton, la pacificación es una característica de los verdaderos cristianos. Así, aquella persona que es sabia se esfuerza por «mantener la paz, hacer la paz, preservarla donde se encuentra [...] [los verdaderos cristianos] son pacíficos y pacificadores».[18] La paz es mantenida cuando no ofendemos. El sabio se abstiene de ofender al Dios de paz, como también al prójimo que necesita la paz. En palabras de este puritano:

14. *Ibíd.*, p. 309.
15. *Ibíd.*, p. 313.
16. *Ibíd.*
17. *Ibíd.*
18. *Ibíd.*, p. 314.

> La verdadera sabiduría, como se cuida de no ofender a Cristo con un pecado, así [también se cuida] de no ofender a los hermanos con un escándalo; como no pecará contra la fe por error, así tampoco contra el amor por cisma. Por la fe estamos unidos a Cristo, por la caridad los unos a los otros; [la verdadera sabiduría] tiene cuidado de que ninguna de las uniones se rompa.[19]

Es importante notar que la sabiduría de lo alto no permite que la verdad sea desechada por causa de la paz. En otras palabras, hay sabiduría cuando la verdad y la paz están íntimamente unidas: «La verdad nunca debe ser violada por el bien de la paz».[20] De la misma manera, aquellos que estamos profundizando en teología, debemos orar y trabajar para tener una doctrina enraizada en la verdad cuyo fruto sea la paz. De acuerdo con Manton, «la doctrina debe conservarse entera, y la verdad conservar su sabor [...] y luego buscar la paz».[21] En resumen, dos errores deben ser evitados sabiamente: el «aprendizaje doctrinal», que no considera la paz en la vida cristiana, y buscar una «paz» que no está enraizada en la doctrina bíblica. Nuevamente, el sabio no separa lo que Dios ha unido.

Finalmente, la verdadera sabiduría está llena de misericordia e imparcialidad. La misericordia se muestra a aquellos que «ofenden», como también a aquellos que la «necesitan». A la vez, esto está conectado a las buenas obras e indica que la «gran culpa de algunos [es] que cuando empiezan a ser religiosos, dejan de ser humanos». Así, la persona sabia trata a los demás sin parcialidad, «es decir, sin hacer diferencia entre persona y persona [...] que de hecho es un punto alto de la sabiduría».[22] Si esto no es así, lo más probable es que estemos actuando con hipocresía debido a que la necedad es el antónimo de la sabiduría. Tristemente, «el

19. *Ibíd.*, p. 315
20. *Ibíd.*, p. 316.
21. *Ibíd.*
22. *Ibíd.*, p. 320.

hipócrita es el mayor necio, y se engaña a sí mismo en el asunto; todo lo que gana con sus designios no es más que el pago del infierno».[23] Por el contrario, el sabio que tiene como fruto la justicia sembrada en paz experimentará el gozo del cielo.

Conclusión

Los cristianos debemos ser sabios. Para eso debemos tener una sana doctrina y una sana práctica. ¿Cómo podemos crecer sabiamente en estos dos aspectos necesarios? Con una sana comunión con el Señor. No podemos crecer en conocimiento teológico y tampoco podemos esperar aplicar en la práctica aquello que hemos aprendido, si no hay una comunión íntima con Yahweh. Lo primero que debemos hacer es conocer a Dios de manera diaria y experimental. Uno de los padres del puritanismo, William Perkins (1558-1602), dijo así: «El conocimiento en el cerebro no salvará el alma. El conocimiento salvífico en la religión es experimental, y aquel que está verdaderamente cimentado sobre Cristo sentirá el poder y la eficacia de su muerte, efectivamente causando la muerte del pecado».[24]

¿Qué pecado deberíamos mortificar o matar? Justamente aquello que se opone a la sabiduría de lo alto: la hipocresía. Así es, la hipocresía, en todas sus expresiones de envidia, celos y contiendas, debería ser diariamente desarraigada de nuestros corazones por el poder del evangelio. De manera particular, la hipocresía debe ser mortificada por aquellos que estamos profundizando en las doctrinas de la gracia.

Debemos pedir sabiduría a Dios para dejar de seguir dando un mal uso a los dones que Él nos ha dado para que otros sean edificados. Debemos pedir sabiduría para entender que nuestros días están contados y que lo que hoy estamos haciendo —o hemos dejado de hacer— es una semilla. En palabras de Thomas

---

23. *Ibíd.*, p. 321.

24. William Perkins, *A Godly and Learned Exposition Upon Christ's Sermon in the Mount*, en The Works of William Perkins, vol. 3 (Londres: impreso por John Haviland, 1631), pp. 259-260.

Manton, «todo lo que hacemos en esta vida es [una] semilla; como sembramos, así cosechamos [...] la eternidad depende de este momento; ahora sembramos nuestra eterna felicidad o desgracia. Ten cuidado de no sembrar nada, [si es así] entonces no puedes esperar nada».[25]

En conclusión, seremos familias e iglesias sabias si buscamos tanto una sana doctrina como también una sana práctica que esté fundamentada en la verdad y cuyo fruto sea la paz y la justicia. Así, las personas verán nuestras buenas obras y glorificarán al Padre que está en los cielos.[26] El fin de la sabiduría es que Dios sea glorificado en la medida que gozamos de Él en todo lo que hacemos.

---

25. *Ibíd.*, pp. 322-323.

26. El párrafo dos del capítulo 16 de la Confesión de Fe de Westminster (1646) dice: «Estas buenas obras, hechas en obediencia a los mandamientos de Dios, son los frutos y evidencias de una fe viva y verdadera; y por ellas manifiestan los creyentes su gratitud, fortalecen su seguridad, edifican a sus hermanos, adornan la profesión del evangelio, tapan la boca de los adversarios y glorifican a Dios, siendo hechura suya, creados en Cristo Jesús para buenas obras, para que teniendo por fruto la santificación, tengan como fin la vida eterna».

8

La sabiduría en la Iglesia moderna

SANTIAGO ARMEL

Así como hemos encontrado mucha sabiduría en las eras de los Padres de la Iglesia, la Reforma Protestante y el Puritanismo, así la encontramos también en la era de la Iglesia moderna. Es mi intención hacer un recorrido por lo que varios hombres de Dios más contemporáneos han comprendido en su caminar con el Señor. Para ayudarnos en esta faena, es importante considerar la siguiente pregunta: ¿Cómo un cadáver espiritual puede llegar a ser un hombre sabio que agrade a Dios? La respuesta a este interrogante será desarrollada mediante cuatro eslabones, tomando como referencia el pensamiento de teólogos y predicadores prominentes desde el siglo XIX hasta la actualidad. Debo confesar que la selección de estos hombres es arbitraria y se basa en la influencia que ellos han tenido en mi camino incipiente de construir sabiduría. Sin embargo, puedo asegurar que cada uno de ellos es digno de ser escuchado, por el legado de sabiduría que han dejado.

La mente natural, aunque disfruta de la imagen de Dios, está muerta: Spurgeon (1834-1892) y Bavinck (1854-1921)

Comenzando con un predicador enérgico y un teólogo docto, ambos del siglo XIX, podemos darnos una idea acerca del pensamiento reformado en este período en Europa. Charles Spurgeon y Herman Bavinck, respectivamente, defendían la doctrina de la depravación total y cómo esta realidad de la muerte espiritual afecta por completo al ser humano. El hombre natural —incluyendo su intelecto— tiene una incapacidad propia para obtener verdadera sabiduría divina.

Sin embargo, estos dos defensores de la doctrina calvinista reconocieron, al mismo tiempo, que el ser humano, aun en su muerte espiritual, conserva la imagen de Dios y que algo de lo divino permea en su intelecto. Bavinck lo expresó así:

> Aunque nuestra capacidad de pensar ha sido debilitada; y por vivir en pecado, está embotada, disminuida y algunas veces suspendida (cuando hay enfermedad mental), la capacidad de pensar en el ser humano no ha desaparecido completamente.[1]

En relación con lo expuesto por Bavinck, Spurgeon entendió que la doctrina de la depravación total no significa que cada ser humano llegará a ser todo lo malo que puede ser, ni que después de la caída no tenga la capacidad de hacer «algo bueno» (desde una perspectiva terrenal). Más bien, la depravación total se manifiesta como una incapacidad espiritual para entender y poder ejecutar el bien que agrada a Dios. Spurgeon lo dijo así:

> No quiero decir que el pecado haya destruido todas las facultades del alma del hombre, porque todas están ahí. Todo ello existe como cuando fueron producidas; pero quiero decir que el pecado ha privado al hombre del

1. Herman Bavinck, *Reformed Ethics*, editado por John Bolt (Grand Rapids: Baker, 2019), p. 151.

principio de la vida espiritual, y lo ha convertido en una criatura depravada y degradada.[2]

De hecho, Bavinck, citando a Calvino, explicó que la mente humana, aunque caída, aún posee un deseo por investigar e intentar conocer lo verdadero.[3] Por eso, estamos convencidos por las Escrituras y por la experiencia, que aunque la persona natural cree y ama la mentira, y detesta la luz, también es cierto que el ser humano tiene una conciencia que le da un deseo por saber la verdad en cualquier asunto (no exclusivamente en temas espirituales), gracias a la imagen de Dios que está en él. En palabras simples, los incrédulos no dicen: «Me encanta estar engañado, quiero que todos me mientan». La realidad es que el incrédulo ama la mentira, pero lo hace porque piensa que aquello que es mentira es verdad, porque —dado a su naturaleza caída— tiene una incapacidad de discernir lo que es correcto.

Como se dijo antes, los incrédulos, aunque muertos espiritualmente, aún tienen funcionando el intelecto como un reflejo de la imagen de Dios en ellos. Esto es lo que nos permite comprender por qué el ser humano, aun el no regenerado, tiene la capacidad de lograr aparentemente tanto en este mundo. Por la gracia común, los hombres pueden obtener grandiosos avances en ciencia, medicina, ingeniería, arquitectura y arte, entre otras disciplinas humanas. Muchos, incluso, pueden lograr tener vidas aceptables moralmente. Todo esto es un remanente de la imagen de Dios en el hombre y de su maravillosa gracia común.

En el avance de este asunto, tanto Bavinck como Spurgeon llegaron a la misma conclusión: nada de lo que hace el ser humano sin nacer de nuevo puede tener relevancia eterna y traer gloria a Dios. El hombre natural puede obtener mucho

---

2. Extracto del sermón «Depravación Humana» predicado por Spurgeon en en el Metropolitan Tabernacle. Charles H. Spurgeon, «Human Depravity», The Spurgeon Center, 11 de abril de 1861, visitado el 20 de septiembre de 2022, https://www.spurgeon.org/resource-library/sermons/human-depravity/.

3. Bavinck, *Reformed Ethics*, p. 151.

conocimiento intelectual, pero jamás podrá alcanzar sabiduría que agrade a Dios. En palabras de Bavinck:

> Los seres humanos están muertos en cuanto a su capacidad de hacer cualquier cosa que sea espiritualmente buena. Esto quiere decir que están incapacitados, aun en lo más mínimo, para hacer algo bueno espiritualmente (lo que es sobrenaturalmente bueno). Después de todo, las buenas obras deben proceder de fe verdadera, deben conformarse a la ley de Dios, hechas para la gloria de Dios y no deben estar basadas en las opiniones propias o en tradiciones humanas [...] El bien espiritual es lo que hacen las personas espirituales, en las cuales el Espíritu trabaja, en ellas y por medio de ellas.[4]

Este buen obrar es sobrenatural, porque no procede de la naturaleza humana caída, sino que es el resultado de la obra milagrosa de Dios al salvar. Las buenas obras que proceden de nueva sabiduría divina en el hombre son el resultado inevitable que experimentará la persona que ha nacido de nuevo. Ahora, el nuevo nacido no solo comprende la verdadera sabiduría, sino que también tiene la capacidad de ponerla en práctica. El hombre que no ha nacido espiritualmente podrá lograr muchas cosas en este mundo por medio de su intelecto, pero jamás podrá actuar de una manera sabia que traiga gloria a Dios. Aun sus mejores esfuerzos olerán a muerto y serán desagradables ante el Dios de toda sabiduría. Las palabras de Spurgeon son penetrantes y dignas de ser leídas con detenimiento:

> Allí está la reina Cleopatra con una corona sobre su cabeza, vestida con sus mantos reales, siendo velada en la sala mortuoria. ¡Pero qué escalofríos recorren tu cuerpo cuando pasas junto a ella! Aun en su muerte, se mira bella. ¡Pero cuán terrible es estar junto a un muerto, aun si se trata de una

4. *Ibíd.*, pp. 152-153.

> reina muerta, muy celebrada por su belleza majestuosa! Así también tú puedes tener una belleza gloriosa y ser atractivo, amable y simpático; te pones sobre tu cabeza la corona de la honestidad y te vistes con los vestidos de la rectitud, pero, a menos que Dios te haya dado vida, ¡oh, hombre!, a menos que el Espíritu haya obrado en tu alma, tú eres a los ojos de Dios tan desagradable, como ese frío cadáver es desagradable para ti. Tú no elegirías vivir con un cadáver para que comparta tu mesa; tampoco a Dios le agrada tenerte ante sus ojos. Tú estás en pecado, tú estás muerto. ¡Oh! Debes creer esto; deja que penetre en tu alma; aplícalo a ti, pues es muy cierto que estás muerto, tanto espiritual como legalmente.[5]

La mente humana necesita redención para obtener verdadera sabiduría: Sproul (1939-2017) y MacArthur (1939 al presente)

¿Cuál es la única esperanza para redimir la mente humana? La respuesta es el evangelio de Jesucristo. Solo Cristo puede hacerlo. Clarificar el evangelio (aun entre los evangélicos) ha sido el ministerio de más de cincuenta años del pastor John MacArthur. Para este pastor estadounidense, la mente redimida es un elemento fundamental del nuevo nacimiento que experimenta alguien que ha confesado sus pecados en arrepentimiento y ha creído por fe en Jesucristo. Por medio del evangelio verdadero, mentes muertas y cauterizadas por el pecado son renovadas y sensibilizadas para aceptar la sabiduría de lo alto y agradar a Dios. En su *Teología sistemática*, el pastor MacArthur afirma —y con razón— lo siguiente:

> Los cristianos reciben una capacidad mental regenerada para comprender la verdad espiritual. Después necesitan reajustar su forma de pensar, principalmente mediante una renovación

5. Extracto del sermón «El libre albedrío: Un esclavo» predicado en la Capilla New Park Street. Charles H. Spurgeon, «El libre albedrío: Un esclavo», Chapel Library, 2 de diciembre de 1855, visitado el 20 de septiembre de 2022, https://www.chapellibrary.org/book/fwass/el-libre-albedrio--un-esclavo.

> de la mente, usando la Biblia. El objetivo supremo consiste en tener un conocimiento pleno de Dios y de su voluntad.[6]

Es decir que, como resultado de la salvación, la mente de la persona comprende la gloria de Dios y ahora la influencia satánica en esa mente no es la de mayor prominencia.[7] Por ende, el cristiano es una persona que ha pasado de muerte a vida y ahora es una nueva criatura. Esto implica que ahora tiene también una nueva mente, «que tiene una nueva forma de pensar y la capacidad de dejar las antiguas y pecaminosas formas de pensar».[8] Y como si fuera poco, en el proceso de santificación, Dios se propone como una de sus metas principales renovar el entendimiento de sus hijos para que ahora vivan con la mente de Jesucristo.

Este proceso de renovar la mente, según MacArthur, sucede cuando el cristiano es saturado por la Palabra de Dios. Entonces ahora ya no está enfocado en las cosas de este mundo, sino que más bien tiene un enfoque en lo celestial y eterno.[9] MacArthur enfatiza[10] que el cristiano recibe en la regeneración una mente iluminada que le permite entender la verdad espiritual, una mente como la de Cristo, que sigue el patrón de la voluntad de Jesús, una mente probada por diferentes dificultades y tentaciones y, finalmente, una mente provechosa que no solo le permite disfrutar de la Palabra de Dios, sino que, guiado por el Espíritu, puede aplicar esa Palabra a la vida y andar como un hombre verdaderamente sabio.

Por su parte, R. C. Sproul, teólogo y pastor contemporáneo a MacArthur y quien ya está disfrutando de la gloria con

---

6. John MacArthur y Richard Mayhue, *Teología sistemática* (Grand Rapids: Editorial Portavoz, 2017), p. 54.

7. *Ibíd.*, p. 53.

8. *Ibíd.*

9. Para un desarrollo detallado acerca de la mente cristiana, véase el libro escrito por John MacArthur y la facultad de The Master's University: *Piense conforme a la Biblia* (Grand Rapids: Editorial Portavoz, 2004).

10. MacArthur y Mayhue, *Teología sistemática*, pp. 54-57.

Jesucristo, dio un gran valor al intelecto como una herramienta divina dada a los hombres para estudiar las Escrituras y conocer la mente de Dios. Su exhortación al respecto es loable:

> Entonces, no seamos intelectualmente perezosos. Dios no nos dio su Palabra en un resumen de una página. El mensaje de la salvación en las Escrituras es simple. Puede ser entendido hasta por un niño. Pero las profundidades y riquezas de Dios contenidas en la revelación bíblica son tan profundas y hondas que aun la persona más brillante podría ocuparse en ellas una vida entera, y aun no podría haber sondeado las profundidades de esa revelación. Así que estamos llamados a buscar el conocimiento de Dios con toda nuestra mente para así tener un entendimiento maduro de Dios.[11]

La sabiduría se basa en el conocimiento de Dios y es la base de la verdadera predicación: Lloyd-Jones (1899-1981), Packer (1926-2020) y Letham (1947 al presente)

Después de la regeneración, la mente humana es iluminada para discernir la sabiduría espiritual. Sin embargo, surge la pregunta: ¿Puede el hombre tener un conocimiento pleno de Dios? Para responder a ello, acudimos a lo definido por el teólogo Robert Letham, quien expresó: «Dios es aprehensible (puede ser conocido verdaderamente), pero incomprensible (no puede ser conocido exhaustivamente, ni limitado por nuestro pensamiento)».[12] Según Letham, la incomprensibilidad es un concepto importantísimo y esencial para el estudio de Dios, porque «nos alerta de nuestras limitaciones, nuestra finitud, pero al mismo tiempo nos asegura que la revelación de Dios es un fiel testimonio de lo que

---

11. R. C. Sproul, *Growing in Holiness: Understanding God's Role and Yours* (Grand Rapids: Baker, 2020), p. 174. Publicado en español por Editorial Portavoz con el título *Creciendo en la santidad: El papel que juega Dios y el papel que juegas tú*.

12. Robert Letham, *Systematic Theology* (Wheaton, IL: Crossway, 2019), p. 62.

Dios es y lo que ha hecho».[13] Letham conceptualiza que, aunque el cristiano puede tener un conocimiento limitado de Dios, puede estar seguro de que tiene un conocimiento veraz, si este se basa en el conocimiento de la obra y persona de Jesucristo.[14] Por lo tanto, la verdadera sabiduría puede hallarse exclusivamente en el conocimiento de Cristo Jesús.

Con la seguridad de que el ser humano puede conocer genuinamente a Dios, entonces se crea la convicción de que este conocimiento debe ser proclamado con autoridad. En esta parte de la ecuación del conocimiento de Dios, la predicación de la Palabra juega un papel fundamental. Una humanidad muerta ahora está viva (la Iglesia) y es sensible para escuchar la voz de Dios y obtener sabiduría. ¿De qué manera la humanidad regenerada debe escuchar la voz de Dios en nuestra época? La única forma es por medio de la lectura y la exposición de la Palabra.

Lamentablemente, en las últimas décadas, la iglesia evangélica se ha caracterizado por exaltar el antiintelectualismo. La predicación de la Palabra en muchos púlpitos está saturada de emocionalismo y experiencias personales. El estudio serio, diligente y sistematizado de las Escrituras está ausente en la mayoría de las predicaciones de nuestros días, y el resultado es fatal: congregaciones que no conocen a Dios, por lo tanto, carecen de verdadera sabiduría y, en consecuencia, tienen vidas impías.

J. I. Packer habló de esta situación y manifestó que, con iglesias que tienen una idea pequeña de Dios, no queda más remedio que tener pequeños cristianitos.[15] En este sentido, vale la pena escuchar la definición de predicación que dio el médico y predicador Martyn Lloyd-Jones y que hace contraste con la catastrófica situación anteriormente mencionada:

---

13. *Ibíd.*

14. Letham, *Systematic Theology*, p. 62.

15. J. I. Packer, *El conocimiento del Dios santo* (Miami, FL: Editorial Vida, 2006), pp. 10-11.

> ¿Qué es la predicación? ¡Lógica en llamas! ¡Razonamiento elocuente! La predicación es teología que viene a través de un hombre que está en llamas. Una verdadera comprensión y experiencia de la Verdad debe conducir a esto.[16]

Lloyd-Jones logró captar magistralmente los dos elementos fundamentales que llevan a una predicación que produce hombres sabios. Para obtener esta clase de hombres, se necesita conocimiento profundo de Dios y de su Palabra. Se necesita de hombres encendidos y conmovidos hasta las entrañas por la verdad. Tanto el intelecto como las emociones juegan un papel determinante en la transmisión correcta de la sabiduría divina:

> Vuelvo a decir que un hombre que puede hablar desapasionadamente de estas cosas no tiene derecho alguno a estar en un púlpito; y nunca se le debe permitir entrar en uno. La predicación es teología que viene a través de un hombre fervoroso [...] ¿cuál es el fin de la predicación? Proporcionar a hombres y mujeres una conciencia de Dios y de su presencia.[17]

La sabiduría bíblica es la única base para la ética humana: Grudem (1948 al presente) y Beeke (1952 al presente)

Desde el nacimiento de la Iglesia, no ha existido generación alguna en la cual no se hayan levantado enemigos de la sabiduría divina. Son enemigos externos que suelen ser escépticos, e internos que desprecian la sabiduría y tuercen las Escrituras para su beneficio. Ante esta situación, Joel Beeke hace sonar las alarmas y le recuerda al pueblo de Dios cinco razones poderosas de por qué debe estudiar con diligencia la sabiduría divina. Aquí mencionaré tres.[18]

---

16. Martyn Lloyd-Jones, *La predicación y los predicadores* (Ciudad Real, España: Editorial Peregrino, 2003), p. 110.

17. *Ibíd.*, pp. 110-111.

18. La cuarta y quinta razón de Beeke es que Dios ha hablado y debemos enseñar a otros sobre Él, y que Dios ha hablado y debemos glorificarlo.

En primer lugar, Beeke pone la base en que Dios ha decidido hablar[19] y, si Él nos ha concedido ese privilegio, entonces en toda iglesia deben levantarse nuevos Esdras que decidan inquirir la ley de Jehová para sí mismos, para luego cumplirla y finalmente enseñarla a otros. La obtención de sabiduría divina debe tener como propósito cambiar nuestras propias vidas y luego guiar a otros para que traigan gloria a Dios también.

En segundo lugar, si Dios ha hablado, entonces debemos escucharlo. El cristiano tiene el compromiso de prestar atención a lo que Dios ha dicho. Además, debe hacerlo «con oídos abiertos, una mente activa y un corazón creyente».[20]

Tercero, si Dios ha hablado, debemos obedecerlo.[21] Desde la óptica bíblica, alguien no ha escuchado correctamente a Dios a menos que lo obedezca.[22] En otras palabras, no hay verdadera sabiduría sin obediencia. El hombre que quiere ser sabio en cada área de su vida debe ser un estudiante serio de la teología cristiana para luego poder obedecer. Así lo enfatiza Beeke:

> Ya que la ley de Dios no regula explícitamente cada situación de la vida, requiere una cosmovisión que tenga en cuenta todo el consejo completo de Dios para guiar toda la vida. La obligación de obedecer la Biblia requiere tarea teológica, ya que la obediencia requiere la participación de toda la mente para discernir la voluntad de Dios mediante la integración de toda su revelación en un todo unificado. Sin la teología no podemos aplicar la plenitud de la Palabra de Dios a nuestras vidas.[23]

Un hombre sabio no solo es el que obtiene conocimiento, sino el que sabe qué hacer con él. En la vida cristiana, de nada

---

19. Joel R. Beeke y Paul M. Smalley, *Teología sistemática reformada* (Salem, OR: Kerigma, 2019), p. 117.

20. *Ibíd.*, p. 118.

21. *Ibíd.*

22. *Ibíd.*

23. *Ibíd.*, pp. 118-119.

sirve tener ortodoxia si no se tiene ortopraxis. Una vida llena de conocimiento, pero sin testimonio piadoso es el modelo de los demonios.

En ese sentido, Wayne Grudem ha dejado un legado valiosísimo para nuestra generación al compilar más de mil páginas en un análisis detallado sobre la ética cristiana. Hablando del propósito de su libro, Grudem comenta:

> La razón básica de estudiar la ética es para conocer mejor la voluntad de Dios para nosotros [...] Si queremos seguir los mandamientos de Jesús, necesitamos saber qué mandamientos son y cómo se aplican a nosotros hoy.[24]

Entonces, al igual que Beeke, Grudem nos ayuda a concluir que el cristiano no solo necesita tener la capacidad de entender la Palabra, sino que ahora tiene que procurar hacer uso de esa capacidad para entender bien y aplicar de manera precisa lo que Dios ha ordenado. Un hombre sabio no solo tiene buena teología, sino que usa esa teología de manera precisa para aplicarla a cada situación de la vida.[25]

Grudem, en su libro *Ética cristiana*, resume en categorías los temas de ética en los cuales un hombre sabio debería tener convicciones profundas y actuar bajo la Palabra de Dios. Estas categorías que el autor usa para dividir su libro son las siguientes:[26]

1. Convicciones en relación con el honor de Dios: Observa diferentes expresiones de idolatría en el ser humano.
2. Convicciones en relación con la autoridad humana: Incluye una perspectiva bíblica sobre autoridad de los

24. Wayne Grudem, *Christian Ethics: An Introduction to Biblical Moral Reasoning* (Wheaton, IL: Crossway, 2018), p. 43. Publicado en español por editorial Monsgo con el título *Ética cristiana: Una introducción bíblica al razonamiento moral.*

25. Grudem, *Christian Ethics*, p. 43.

26. *Ibíd.*

padres, autoridad masculina en el matrimonio y cómo relacionarnos con la autoridad gubernamental y otras esferas de autoridad.

3. Convicciones en relación con la protección de la vida humana: Incluye temas como la pena capital, la guerra, el aborto, la eutanasia y el suicidio, entre otros.
4. Convicciones bíblicas acerca del matrimonio: Abarca áreas como el divorcio, el adulterio, la homosexualidad y el control de la natalidad.
5. Convicciones bíblicas acerca de las posesiones: Trata temas como la obtención y administración de riquezas por parte del cristiano, la necesidad de descanso y vacaciones, una perspectiva bíblica acerca de los préstamos financieros y cómo tener una ética cristiana en los negocios.

Conclusión

¿Cómo un cadáver espiritual puede llegar a ser un hombre sabio que agrade a Dios? La respuesta está en el seguimiento de cada uno de los eslabones que acabamos de observar. En resumen: la mente humana está dañada por naturaleza. Necesita intervención divina para ser restaurada y tener la capacidad de comprender la verdad espiritual. Luego, cuando esa mente es renovada, puede prestar atención y conocer a Dios por medio del estudio diligente de la Palabra y la predicación fiel. Finalmente, el hombre que ahora escucha y que con diligencia busca aplicar esta verdad a cada aspecto de su vida podrá ser considerado como un hombre sabio que agrada a Dios.

PARTE 3

La sabiduría en la vida diaria

9

¡Cultiva la sabiduría en tu vida!

JOSUÉ ORTIZ

No hay duda, después de haber estudiado en los últimos capítulos a varios hombres sabios en la historia de la Iglesia, que la sabiduría importa. Ser necio es un mal negocio. Además, no «saber» es un peligro muy grave —casi costó la vida a mi esposa y a nuestra bebé—. Había sido un embarazo «normal» en todos los sentidos: no dolores, no mareos, no molestias —un embarazo casi perfecto—. Pero no sabíamos. No estábamos preparados. No fuimos sabios.

El 5 de marzo de 2011, ya con nueve meses de embarazo, mi esposa comenzó con ciertos síntomas que presentimos podrían ser problemáticos, pero nunca imaginamos la clase de peligro inminente que representaban. La vida de ambas, madre e hija, estaba en claro riesgo. Sin embargo, por no saber del peligro, y a pesar de los síntomas que mi esposa ya presentaba, no salimos de inmediato hacia el hospital. Tomamos tiempo para empacar ropa, hacer llamadas, alistar ropa para la bebé, *por si nacía ese mismo día*, pensamos. No fue mucho tiempo lo que tardamos, pero en esa clase de emergencias, minutos suelen ser un factor de vida o muerte.

Por la gracia de Dios, y a pesar de nuestra ignorancia, todo salió bien. El doctor nos explicó lo que había pasado: desprendimiento de placenta del 25%. Una vez que el médico alumbró nuestra ignorancia, pudimos ver, entender y adquirir conocimiento que hemos aplicado en embarazos siguientes. El conocimiento impartido por ese médico quedó implantado en nuestras mentes, y ya no cometeríamos el mismo error otra vez.

En un sentido similar, pero de mucha más importancia, la sabiduría de Dios ilumina nuestra ignorancia para hacernos personas sabias. La sabiduría es el conocimiento de Dios aplicado en la vida diaria —no hay nada más importante para el creyente que la sabiduría de Dios implantada en su corazón—. La pregunta, entonces, debe ser obvia: ¿Cómo puedo ser sabio?, o más bien, ¿cómo puedo cultivar sabiduría en mi vida? Permíteme darte tres consejos simples, pero profundamente útiles, que te ayudarán a cultivar la sabiduría en tu vida.

Sé sabio en su Palabra

No hay manera en la que el ciudadano del reino de Dios pueda ser sabio separado de la Palabra del Rey. Simplemente, es imposible. La Palabra, además de ofrecer los nutrientes necesarios para el crecimiento espiritual (1 P. 2:2), también provee la clase de conocimiento que nadie más puede ofrecer: sabiduría de lo alto. Santiago es nuestro recordatorio constante de que si nos hace falta sabiduría, solo debemos pedirla a Dios (Stg. 1:5). En otras palabras, para los hijos del Rey, ser sabios no es opcional. No debe haber excusas. No hay tal cosa como un hijo de Dios que no puede ser sabio. Si alguien no es sabio, no es porque no pueda serlo, es porque no quiere.

En nuestra actualidad, la sabiduría es un recurso espiritual que se necesita con urgencia en todos los sectores demográficos, pero especialmente entre los hombres. Considero que solo basta ver alrededor para saber que es evidente. Se necesita de hombres que sean sabios, llenos del conocimiento de Dios, con inteligencia, cordura y sensatez espiritual. ¡Que seamos hombres conocidos por la prudencia, la rectitud, la justicia y el amor por la Palabra!

Hombre, lee la Biblia, pero no solo la leas, medítala, memorízala, estúdiala y apréndela. En palabras de Pablo: «Que la palabra de Cristo habite en abundancia en ustedes, con toda sabiduría enseñándose y amonestándose unos a otros» (Col. 3:16). No puedes enseñar a otros, y mucho menos amonestar, si primero la Palabra no habita ricamente en tu corazón. Ora antes de leer y confiesa tus pecados buscando limpieza y humillación delante de Dios (1 Jn. 1:9).

Lee la Biblia sistemáticamente, con propósito y estructura. Una de las mejores recomendaciones que he escuchado acerca de la lectura de la Biblia es leer el mismo libro de la Biblia por un mes entero. Comienza con libros cortos, Efesios, Colosenses, Tito, y léelos todos los días durante un mes. Toma notas, subraya, pregunta, memoriza. Después, acércate a libros más «largos» y divídelos de tal forma que leas fracciones de ese libro por un mes. Por ejemplo, lee Mateo 1 al 7 por un mes. Luego, del 8 al 17, y así sucesivamente.

La lectura de la Biblia no es una opción para el creyente, es nuestra fuente de nutrientes espirituales que fortalecen el alma, establecen nuestra fe y maduran nuestro espíritu. Así que debes asegurarte de buscar fortaleza, ser establecido y madurar mientras bebes de las riquezas de la revelación de Dios. Hombre: solo la Palabra de Dios te hará sabio.

Además, la identidad del hombre debe ser la de «sabiduría», como la de los primeros servidores de la Iglesia, «hombres [...] llenos del Espíritu *Santo* y de sabiduría» (Hch. 6:3), o la de Esteban, un hombre «lleno de gracia y de poder» (Hch. 6:8). El mundo predica que el hombre necesita ambición para ser exitoso, pero Dios enseña que el hombre necesita sumisión a la Palabra, en obediencia y amor a Él. El mundo ya tiene suficientes hombres amadores de sí mismos, egoístas, abusadores de mujeres y niños, desleales, carnales, adictos a placeres y desenfrenos, adúlteros, fornicarios, imprudentes y rebeldes a Dios —¡ya no agreguemos más!—. Necesitamos una generación de hombres que refrenan su lengua, que aman incondicionalmente, que lideran sus familias en amor y respeto a la Palabra. Necesitamos una generación de hombres bíblicos. El hombre sabio no es sabio porque sabe qué hacer en cada área de su vida, sino porque somete su corazón a Dios en cada área de su vida.

Así que sé sabio. Y para serlo, necesitas ser un hombre de la Palabra. Como Esdras, enseña la Palabra a otros (Esd. 7). Tu rol de maestro es crucial en nuestra sociedad. Si tienes familia, enseña. Si tienes nietos, enseña. Si tienes sobrinos, enseña. Aparta tiempo en la semana para enseñar a otros. Habla con tu pastor y ofrécete para enseñar en tu iglesia local. Tal vez necesites más preparación teológica: prepárate. El punto es que no hay excusa, el hombre tiene que tomar su rol de enseñar a otros. Sé un hombre sabio, que imparte sabiduría a otros. Recuerda que el sabio no enseña una sabiduría propia, sino una sabiduría adquirida, la que viene de lo alto, de lo perfecto y de lo bello.

Sé sabio en teología

El estudio de Dios (teología) es una manera más de cultivar sabiduría. Esto hace referencia a un estudio más profundo, educado y sistematizado de las Escrituras. No hablo de asistir a seminarios bíblicos, solamente. Ni tampoco hago referencia a talleres diplomados, cursos que solo alimentan tu mente, pero que tienen poco efecto en tu corazón. La arrogancia es el enemigo de la sabiduría. No seas soberbio (Stg. 4:6), sé humilde y sencillo. Quizá tu conocimiento teológico impresione a otros, pero nunca impresionará a Dios. No caigas en debates teológicos que solo alimentan tu ego y hacen poco para proveer de ayuda útil a la vida de la iglesia.

Sin embargo, sí es crucial que seas un estudioso de la teología. Dios no se agrada del analfabetismo teológico. Dios quiere que escudriñes su Palabra (Pr. 2:4-6), que te des al estudio, análisis y aplicación de la teología. No hay ningún secreto aquí. Estoy convencido de que mucho de nuestro problema teológico en

América Latina se debe a la pobreza teológica en nuestros países. Somos prontos para aceptar y tardos para evaluar. Todo «suena» igual, nada nos sorprende, todo se «entiende» como cristiano, no examinamos todo y retenemos lo bueno (1 Ts. 5:21). La falta de sabiduría ha abierto grandes abismos teológicos en los que muchos caen sin siquiera saber que han caído. Con todo, y para hacer un poco de balance, es importante decir que veo un creciente despertar teológico en la iglesia de América Latina.

Tu labor, hombre, yace frente a ti. Date al estudio teológico, busca las profundidades del conocimiento de Dios, actúa con urgencia «porque los días son malos» (Ef. 5:16) y, más aún, sabiendo «que el día se acerca» (He. 10:25). No tardes, tus hijos lo necesitan, tu esposa lo requiere. Sé un teólogo arraigado, no un neófito eterno. La tecnología ha abierto grandes oportunidades para esta área. Hay seminarios que ofrecen clases en línea, y muchas veces son gratuitas. Muchas conferencias teológicas son también ofrecidas en Internet. Hay artículos especializados en temas teológicos. Puedes cursar licenciaturas y maestrías en línea de reconocidos seminarios teológicos. Echa mano de estas oportunidades. Pasa menos tiempo en Facebook y más tiempo en el estudio que será una inversión para lo eterno.

Un aspecto teológico para estudiar, entre muchos que podría mencionar, es la teología bíblica y la teología del reino. La explicación a detalle de estos dos temas es algo que sale del parámetro de este breve capítulo, pero sí te puedo decir que la teología bíblica abre la ventana que muestra el todo de las Escrituras. La teología bíblica explica cuál es la narrativa central de la Biblia, y vemos que la narrativa central es, en efecto, el reino de Dios en Jesús.[1]

1. De nuevo, los detalles son muchos para abundar aquí, pero he escrito dos libros al respecto que puedes consultar fácilmente en caso de que tengas más interés: *Una gran historia: cómo ver a Dios en la Biblia y no solo leer de Él* (Sebring, FL: Editorial Bautista Independiente, 2022) y *El Rey y su reino: dos testamentos, una sola historia* (Sebring, FL: Editorial Bautista Independiente, 2022). Para más acerca de una teología bíblica del reino de Dios, véase también: Michael J. Vlach, *Él reinará por siempre: una teología bíblica del reino de Dios* (Salem, OR: Editorial Kerigma, 2020).

La teología bíblica y la teología del reino de Dios te ayudarán a leer y entender la Biblia de una manera que revela el propósito central por el cual fue escrita. La Biblia es una sola historia, no una serie de historias aisladas. La Biblia tiene muchas aplicaciones y fue escrita usando diversos géneros literarios, escritos por diferentes autores bajo distintos contextos y propósitos. Pero en la soberanía de Dios, Él ha hecho que cada libro construya progresivamente el gran edificio que llamamos «Biblia», la Palabra de Dios. Él, como el arquitecto sabio, ha dejado su revelación y mente en la Palabra. Tu trabajo es estudiarlo. Hombre, date de todo corazón al estudio teológico. Eso te hará sabio, inteligente y preparado para «toda buena obra» (2 Ti. 3:17).

Sé sabio todos los días

Como lo mencioné al inicio, la sabiduría es conocimiento aplicado en la vida diaria. Esto tiene un ángulo muy práctico para ti. Un aspecto de cultivar la sabiduría es buscar ser sabio en cada área de tu vida, por más trivial que parezca. Puedes cultivar sabiduría en el transporte público, taxi o metro. Puedes cultivar sabiduría en el Café donde pasas tiempo leyendo. Puedes cultivar sabiduría en las reuniones de fin de semana con amigos o familia. Puedes, y debes, cultivar sabiduría todo el tiempo (Jos. 1:8), porque el sabio adquiere y practica sabiduría todo el tiempo. ¿Cómo puedes lograr esto? Te doy algunas sugerencias.

Primero: lee, lee, lee. Ya mencioné que la lectura de la Biblia es la más alta clase de lectura que tu alma requiere. Sin embargo, también es cierto que una vida disciplinada de lectura proveerá otro medio para adquirir sabiduría. Lee libros teológicos, prácticos, profundos y útiles. Lee quince minutos diariamente y terminarás un libro «mediano» cada mes.

Segundo: la música. La música es un medio de gracia para el creyente. ¿Cómo está tu consumo de música? Lo que escuchas debe alimentar tu alma y corazón, no solo tu cuerpo y su placer. Busca música teológica, la clase de música que arraigará tu fe en el Salvador, música que alabe a Dios, no al hombre. Escucha música y úsala para crecer en sabiduría y madurez espiritual. Si la música que escuchas solo te entretiene, pero no te edifica, algo está muy mal. En las palabras de Pablo, «aprovechando bien el tiempo, porque los días son malos» (Ef. 5:16).

Tercero: medita. Otra manera de adquirir sabiduría e inteligencia es la meditación bíblica. Antes de leer la Biblia, ora a Dios pidiendo concentración e inteligencia. Piensa en lo que estás leyendo: ¿Qué te dice de la persona de Dios? ¿Qué te dice acerca de la salvación? ¿Cómo puedes aplicarlo a tu vida? ¿Cómo puedes ver los atributos de Dios en ese texto? ¿Qué dice el texto acerca de lo que Dios ha hecho por ti? ¿Qué características enumera el texto para describir a los hijos de Dios? ¿Cómo puedes adorar a Dios con este texto? ¿Qué quieres compartir con otros acerca de lo que aprendiste? ¿Cómo se conecta este texto con el resto de las Escrituras? La meditación bíblica no se trata de poner tu mente en blanco, sino de todo lo opuesto. La meditación se trata de poner tu mente a trabajar, ocupada en discernir la Palabra de una manera práctica y transformadora.

Cuarto: amigos. Finalmente, sé sabio en las amistades que cultivas. ¡Cuán importante es esto! Proverbios 27:17 nos dice que «el hierro con hierro se afila, y un hombre aguza a otro». Sé un hombre que ayuda, no que destruye; que edifica, no que entorpece; que aporta, no que estorba. Sé un amigo sabio para otros que necesitan amigos sabios en sus vidas. Ten cuidado con tus palabras, comentarios y actitudes. En casa, sé un hombre que influye para bien a la familia. Que tu familia, amigos y hermanos en Cristo no te conozcan por ser el que critica, murmura o divide. Piensa en los demás, en su salud espiritual, en su crecimiento. ¿Qué puedes hacer para que tu prójimo sea influenciado por la sabiduría de Dios?[2]

---

2. El capítulo 12 de Daniel Puerto, «Hombre sabio en la selección de sus amigos», considera el tema de las amistades y su importancia en la vida de un hombre que desea crecer en sabiduría. Lee ese capítulo para ampliar sobre el tema.

Conclusión

Hombre, sé sabio en toda tu manera de vivir. Haz esto todos los días de tu vida y, al final, verás que es de sabios ser sabio. Aprovecha cada uno de los elementos que el Señor te ha dado para crecer en sabiduría. Al rescatarte, Dios no te abandona como si ese fuera el fin del asunto; al contrario, Él inició una obra transformadora en tu vida y te hace crecer en santidad cada día, cada momento. Por lo tanto, identifica esas áreas en las que aún la sabiduría no ha hecho nido en ti y llévalas al Señor, quien indica que «si a alguno de ustedes le falta sabiduría, que se *la* pida a Dios, quien da a todos abundantemente y sin reproche, y le será dada» (Stg. 1:5).

10

Hombre sabio en la gestión de su tiempo

EDUARDO IZQUIERDO

Aquí comenzamos una serie de capítulos en los que nos enfocaremos en cómo aplicar, de manera práctica, la sabiduría en las diferentes áreas de la vida. Es nuestra intención ser lo más exhaustivos posible, de tal manera que nos sea más fácil comprender cómo ser sabios en el día a día. El primer aspecto práctico que estudiaremos será nuestro manejo del tiempo.

El tiempo es un recurso finito. No hace falta una gran argumentación científica para darnos cuenta de que, con el pasar de los días, envejecemos. En lugar de ser renovados físicamente, cada hora que vivimos nuestros cuerpos se van desgastando y nuestro tiempo en esta tierra se va desvaneciendo. David es claro al recordarnos que «el hombre es semejante a un soplo; sus días son como una sombra que pasa» (Sal. 144:4). Esto es consistente con lo que Santiago afirma al comparar nuestra vida con la neblina que «aparece por un poco de tiempo y luego se desvanece» (Stg. 4:14). Ante esta realidad, ¿cómo hemos de responder los hombres temerosos de Dios? ¿De qué manera podremos orientar nuestras vidas y así aprovechar el tiempo que tenemos por delante?

Richard Baxter, el puritano, nos ayuda a reflexionar acerca de la importancia de no perder el tiempo:

> Sé que algo de placer es lícito, cuando sirve para ayudarnos en el trabajo. Pero si uno está tan enamorado del placer que pierde el tiempo inútilmente y desatiende la obra de la salvación, excusándose como si fuera necesario, esta clase de maldad no es consistente con la fidelidad común del cristiano.[1]

En su deseo por ver un crecimiento espiritual en los creyentes de Éfeso, el apóstol Pablo les dirige estas palabras a los hermanos en aquella ciudad: «Por tanto, tengan cuidado cómo andan; no como insensatos sino como sabios, aprovechando bien el tiempo, porque los días son malos» (Ef. 5:15-16). El cuidado del tiempo era de crucial importancia para la iglesia del primer siglo, al igual que lo debería ser para los creyentes de hoy. Se trata de un recordatorio que debe servir como una brújula que nos apunta a cómo vivir en esta tierra. En otras palabras, aprender a manejar bien nuestro tiempo es una disciplina con un valor incalculable que abarca cada área de nuestra vida. Por este motivo, y basado en Efesios 5:15-16, es mi intención proporcionar algunos principios que te ayuden a ser sabio en el uso de tu tiempo, de modo que al hacerlo glorifiques a Dios.

Cuida tu andar

Efesios 5:15 comienza diciendo: «Por tanto, tengan cuidado cómo andan». La idea que transmite el lenguaje original es el de mirar cuidadosamente o con exactitud;[2] por eso la RVR-60 lo

---

1. Richard Baxter, *El pastor renovado* (Edimburgo, Escocia: El Estandarte de la Verdad, 2017), p. 192.

2. El imperativo «βλέπετε» (*blépete*), de «βλέπω» (*blépo*), tiene que ver con «procesar información dándole pensamiento, dirigiendo la atención de uno hacia algo, considerar, notar». William Arndt *et al.*, *A Greek-English Lexicon of the New Testament and Other Early Christian Literature* (Chicago: University of Chicago Press, 2000), p. 179. Véase también Moisés Silva, ed., *New International Dictionary of New Testament Theology and Exegesis* (Grand Rapids:

traduce: «Mirad, pues, con diligencia cómo andéis». Lo que Pablo nos enfatiza es la necesidad de una disciplina continua. Este cuidado en nuestro andar no sucede por un acto de la casualidad o por accidente. Si realmente buscamos manejar bien nuestro tiempo, primero debemos prestar atención a la manera en que conducimos nuestra vida. En lo que concierne a la salud espiritual de un creyente, no hay lugar para tomar un descanso. John Piper menciona que «la ociosidad no germina en un suelo que está compuesto por la comunión con Dios».[3]

Realmente es difícil comprender cómo un cristiano podría dar lugar a la pereza y la ociosidad en su vida. Por desdicha, hemos de admitir que ambas se convierten en una amenaza constante debido a la búsqueda continua de placer (Pr. 26:13-16). Lejos de andar desordenadamente, dando pie a la ociosidad, debemos recordar que las Escrituras nos dan el patrón claro para cuidar nuestros pasos y orientarlos en la dirección correcta. Nuestro andar en esta vida debe procurar seguir el ejemplo de nuestro Señor Jesucristo (1 Co. 11:1; 1 P. 2:21).

Es necesario evaluar nuestro andar, ya que, sin darnos cuenta, podemos estar cediendo ante la corriente de este mundo (Pr. 16:18; 1 Co. 10:12). Como padres de familia y líderes en el hogar, debemos recordar que tenemos una mayor responsabilidad al pastorear a los nuestros. Por eso debemos permitir que otros vean que nuestra delicia está en meditar en la ley del Señor y no en andar en la senda de los impíos, cuyo fin es la muerte (Sal. 1). ¿Anhelas cuidar tu andar? Es necesario que la Palabra de Dios sea esa lámpara a tus pies y lumbrera en tu camino (Sal. 119:105).

Conducirnos con la verdad y en ella implica un compromiso

Zondervan, 2014), p. 520: «ver, observar, percibir, tener cuidado de, considerar»; así como James Swanson, *Dictionary of Biblical Languages with Semantic Domains: Greek (New Testament)* (Oak Harbor, WA: Logos Research Systems, Inc., 1997), «βλέπω» (*blépo*): «ver, mirar [...] estar atento a, tener cuidado, poner atención [...] entender, percibir».

3. John Piper, *No desperdicies tu vida* (Grand Rapids: Editorial Portavoz, 2011), pp. 159-160.

genuino para que la Palabra de Dios tome un lugar prioritario en nuestra vida. Así como no estarías dispuesto a beber un vaso de agua con un poco de cloro, debemos comprender que no podemos permitir diluir las verdades de las Escrituras con la sabiduría humana. Es interesante notar el cuidado que un corredor o maratonista tiene al prepararse para una carrera. Este cuida su alimentación de manera rigurosa para que su cuerpo tenga la fuerza necesaria y logre soportar las horas de entrenamiento. El propósito es que eventualmente pueda presentarse listo para el día de la competencia. Es un compromiso serio, el mismo que deberíamos nosotros tener como hombres renovados que viven en sabiduría dando prioridad a la Palabra de Dios.

Ahora te invito a meditar en tu vida espiritual. ¿Cómo estás cuidando tu alimentación espiritual? Para lograr conducir tu andar de manera piadosa en esta tierra, es necesario ser alimentado con la Palabra del Señor (1 P. 2:2). Nuestro premio no es una medalla, no es un reconocimiento de este mundo, sino que nuestra corona está en los cielos (1 Co. 9:24-25). Así que, al mirar y contemplar nuestra esperanza eterna, conduzcamos nuestras vidas priorizando todo lo que nos ayude a vivir para glorificar a Dios. Si nuestro anhelo es administrar bien el tiempo, es necesario que constantemente evaluemos nuestras decisiones y pasos a la luz de las verdades eternas que encontramos en las Escrituras. De manera que, tal como lo menciona el salmista, pidamos a Dios: «Afirma mis pasos en Tu palabra, y que ninguna iniquidad me domine» (Sal. 119:133).

Corrige tu pensar

Siguiendo en nuestro estudio de Efesios 5:15-16, es interesante cómo Pablo continúa explicando y describiendo la manera en la que debemos cuidar nuestro andar. La descripción de nuestro caminar como hijos de Dios es: «no como insensatos sino como sabios» (Ef. 5:15b). Una persona insensata o necia es aquella que no tiene un discernimiento correcto. Es decir, adolece de la capacidad para evaluar sus pensamientos y decisiones de una manera bíblica. Recuerda que el discernimiento es la torre de control de tu mente. De la misma manera que una torre de control concede el permiso para la llegada y salida de aviones en un aeropuerto, un discernimiento adecuado nos permitirá evitar que lleguen pensamientos que no son correctos ante los ojos de Dios. En otras palabras, como creyentes, nuestro discernimiento debe entrar en acción, ya que hemos muerto a esa vida donde albergábamos pensamientos, ideas o recuerdos que nos alejen de aquello que agrada a Dios (Ef. 2:1-3).

Una tarde, una madre se encontraba preparando una ensalada para servirla en la cena. Al estar limpiando las verduras, ella dedicaba un tiempo especial a cortar las orillas, la cáscara y todo aquello que debe evitarse al comer una ensalada. Unos minutos más tarde, su hija entró a la cocina y le preguntó si podía ir al cine a ver una película con sus amigas. La madre le dirigió su atención y respondió: «Hija, tú sabes que esa película contiene escenas y palabras que no son correctas; ¿cómo podría darte permiso para ver eso?». La hija continuó insistiendo porque era una oportunidad para estar con sus amigas y divertirse. Mientras esto sucedía, ella comenzó a observar cómo su madre sacaba de la basura todas aquellas orillas y cáscaras que había desechado minutos antes. No podía entender lo que hacía y exclamó:

—¿Qué haces, mamá?

—Bueno —dijo la madre—, pensé que como no te importaba meter basura en tu mente tampoco te importaría meter basura en tu estómago.

Es necesario guardar nuestros pensamientos para la gloria de Dios. La sabiduría de este mundo es desplegada en cada esquina, y tu mente es bombardeada constantemente con esta influencia. ¿Qué vas a hacer para evitar ser afectado? Nuestro llamado es a no conformarnos a la sabiduría humana y renovar nuestra mente (Ro. 12:2). Nuestra prioridad es alinear nuestros pensamientos de manera que armonicen con aquello que es verdadero, justo y agradable a Dios (Fil. 4:8). Piensa un momento, si pudiéramos examinar lo que está en tu mente, ¿qué veríamos?

No es una tarea fácil, pero sabemos que no estamos solos (Sal. 23:4). Dios nos concede sabiduría de lo alto y nuestra responsabilidad es pedir confiando en Él (Stg. 1:5). Si nuestro anhelo es cuidar el tiempo, debemos procurar la sabiduría divina todos los días de nuestra vida, con el propósito de tener un discernimiento adecuado para tomar buenas decisiones y vivir en esta tierra agradando a Dios. No olvides que el objetivo es vivir «no como insensatos sino como sabios» (Ef. 5:15b).

Conduce tu vivir

Finalmente, Pablo concluye la oración al decir debemos «[aprovechar] bien el tiempo, porque los días son malos» (Ef. 5:16). La razón por la cual es tan necesario aplicar una disciplina continua en el uso de nuestro tiempo es debido a la maldad que impera en el mundo. El diablo es quien cegó el entendimiento de los hombres y dirige todo aquello que se opone a la verdad de Cristo (2 Co. 4:4, Ef. 2:2). Precisamente, el apóstol Pedro describe al diablo como un «león rugiente», para dejar claro la firmeza y el cuidado que como creyentes debemos tener de nuestra vida (1 P. 5:8-9).

Por tanto, «[aprovechar] bien el tiempo» implica que debemos sacar la mayor utilidad posible al tiempo que tenemos, considerando la batalla que libramos día a día. Recordemos que el tiempo es limitado y esto debe dejarnos clara la importancia de valorarlo. El tiempo que dedicamos a los excesos del pecado que vivimos antes de Cristo ya son cosa del pasado y no deben distinguir nuestra vida hoy (1 P. 4:3). Hemos sido trasladados de un reino de tinieblas a un reino de luz (Col. 1:13; 1 P. 2:9). Ahora, como creyentes, somos miembros de un mismo cuerpo (Ro. 12:4-5; 1 Co. 12:14-20). Esta preciosa verdad debe traer dirección a la manera en que conduces tu vida.

La vida del creyente debe ser guiada en santidad (He. 12:14; 1 P. 1:15-17). Nuestra conducta y palabras deben armonizar con el llamado que tenemos como hijos de Dios. Por eso, priorizar la madurez espiritual es vital para nuestras vidas. ¿De qué manera podemos procurar nuestro crecimiento espiritual? Entendiendo la importancia de la Palabra y la iglesia local (Ef. 4:11-16). Aprovechar bien el tiempo nos lleva a comprometernos con nuestra congregación (He. 10:24-25). Precisamente en ese contexto, podemos servirnos los unos a los otros y ponemos al servicio del prójimo los dones que el Señor nos ha dado (Ro. 12:6-8; 1 P. 4:10-11). ¿Ven otros tu compromiso con tu iglesia local?

La gran comisión que encontramos en Mateo 28:18-20 no fue dada solamente a un grupo cerrado de creyentes. Tú y yo somos convocados a cumplir el llamado de hacer discípulos hasta lo último de la tierra. Si bien es cierto que no todos iremos a otros países, todos tenemos personas en nuestro círculo de amistades y familiares que no conocen las verdades del evangelio. ¿Qué estamos haciendo para llevarlos a Cristo? En ocasiones caemos como presa fácil de la influencia de este mundo y, desafortunadamente, nuestra manera de vivir se parece más a la de un incrédulo. Piensa en esto, ¿son tus alegrías, tristezas y preocupaciones las mismas que las que tiene el mundo? Si tu respuesta es afirmativa, es necesario hacer una pausa, orar a Dios y reordenar tus prioridades (Gá. 5:16).

Recuerda que, como ciudadanos del cielo, nuestra vida no se deleita en, ni camina bajo, el ritmo que toca esta sociedad (Fil. 3:20). Nuestra conducta debe distinguirse por mostrar amor, compasión, perdón, gozo, bondad y mansedumbre que proviene de la obra de Dios en nuestra vida (Gá. 5:22-24). ¿Cómo debemos conducirnos? Sosteniendo firmemente la Palabra de vida de manera que resplandezcamos como luminares en un mundo entenebrecido (Fil. 2:15-16). Si nuestro anhelo es sacar el mayor provecho de nuestro tiempo en esta tierra, debemos afirmar nuestra vida en la Palabra de Dios y de esta manera resistir firmes contra las asechanzas del enemigo (Ef. 6:11).

Conclusión

El fin de todas las cosas se acerca y el llamado del apóstol Pedro es a vivir vidas santas y piadosas (2 P. 3:11). No hay tiempo que perder. Por lo tanto, estemos alerta, despiertos, velando al saber que la venida de nuestro Señor está cercana (1 Ts. 5:6). Vigilemos con firmeza nuestra vida y la de nuestras familias para no permitir que las prioridades de este mundo se infiltren en nuestro hogar.

Es mi deseo que las palabras de Jonathan Edwards resuenen en nuestros corazones como un recordatorio del compromiso al que somos llamados: «Resuelvo nunca perder un momento de mi tiempo, sino mejorarlo de la manera más provechosa posible».[4] No te preocupes por el tiempo que ya no puedes recuperar. No hay nada más que puedas hacer por aquello que ya pasó. Enfócate en los días por venir. Anda en sabiduría. Cuida tu andar, corrige tu pensar y conduce tu vivir de manera que aproveches cada segundo de tu vida para glorificar a Dios.

4. Stephen J. Nichols y Jonathan Edwards, *Jonathan Edwards' Resolutions and Advice to Young Converts* (Phillipsburg, NJ: P&R, 2001), p. 17.

11

Hombre sabio en la planificación para el futuro

JACOBIS ALDANA

El 1 de febrero del 2003, el mundo fue testigo de una de las más dramáticas tragedias aeronáuticas de la historia reciente: el trasbordador Columbia se desintegró en los cielos del sur de los Estados Unidos, luego de atravesar la atmósfera, y dejó como saldo la muerte de siete personas. Uno de los tripulantes era el coronel Rick Douglas Husband, un creyente fiel que había vivido para el Señor hasta el último momento de sus días.

Un hecho poco conocido del coronel Husband es que tenía un alto compromiso con la adoración familiar, tanto que había grabado en una cinta los 17 devocionales correspondientes a los días que estaría en el espacio. En el devocional de ese 1 de febrero, dejó el siguiente mensaje a su hija Laura: «Es el día del desembarco y, con suerte, si el tiempo es bueno, aterrizaré hoy en Florida. Desde luego, estoy deseando verte a ti, a Matthew y a mamá».[1] ¿Puedes imaginar el tesoro que hoy representan

1. Rob Flood, «Answering the Call of Family Worship», *FamilyLife*, visitado el 9 de enero de 2023, https://www.familylife.com/articles/topics/parenting/foundations/spiritual-development/answering-the-call-of-family-worship/. Recurso en inglés.

esas palabras para sus hijos? Esto, sin contar el contenido de las enseñanzas que, aunque bien pudieran ser palabras sencillas, son el resultado de un hombre que antes de morir previó cuidado espiritual para su familia; un hombre que planeó su futuro.

A este tipo de actitud, la llamamos la sabiduría para el mañana. Como creyentes vivimos en medio de una tensión: por un lado, sabemos que Dios conoce todas las cosas y es quien, en su providencia, permite que todo suceda según su voluntad. Pero, por otro lado, tenemos un llamado a ser responsables, planificar y ser prudentes acerca del futuro. Esto es especialmente cierto sobre el rol del hombre. Parte del ejercicio de liderar tiene que ver con el hoy, pero también con el mañana. Veremos a continuación algunos aspectos en los que el liderazgo masculino debe evidenciar sabiduría para lo que viene, una actitud precavida frente a la vida futura.

Planifica la provisión material

> Ve, *mira* la hormiga, perezoso,
> Observa sus caminos, y sé sabio.
> La cual sin tener jefe,
> Ni oficial ni señor,
> Prepara en el verano su alimento
> *Y* recoge en la cosecha su sustento (Pr. 6:6-8).

La Biblia no es escasa en instrucciones sobre tomar una actitud de previsión para el futuro. La analogía que encontramos en este pasaje es significativa. El proverbista compara la actitud instintiva de las hormigas de hacer depósito durante el verano para los días malos, cuando llueve, con la sabiduría que debe exhibir el hombre diligente. No hay mucha explicación que se requiera, el principio es simple: hacer provisión para el futuro es de sabios.

El liderazgo masculino involucra protección, y planificar el futuro es parte de dicho ejercicio. Hay cosas que son garantizadas en el trascurso típico de la vida, y otras que son inciertas. Esa es la razón por la que una actitud prudente sobre lo que vendrá es de sabios. Es cierto que vamos a envejecer, que nuestros hijos crecerán y se irán de casa, es cierto que enfermaremos y que moriremos. Pero otras cosas son inciertas: nuestra salud, la economía, los mercados y hasta el comportamiento de la temporada de huracanes. Por esto, vivir como si no hubiera mañana es una insensatez.

José, el hijo de Jacob, es un ejemplo de previsión para el futuro. Luego del sueño de Faraón sobre los siete años de abundancia y los siete de escasez, él aprovechó los años de abundancia para almacenar el grano necesario a fin de hacer provisión para los años en los que las cosechas disminuirían. La valiosa lección que podemos sacar de todo esto es que debemos aprovechar nuestros años productivos con el propósito de hacer los ahorros necesarios para cuando nuestra fuerza mengüe.

Hay varias formas en las que podemos hacer esto. Existen programas financieros que permiten ahorrar de forma segura, también podría considerarse la inversión en activos inmuebles u otros bienes de refugio. Los fondos de retiro también son una buena alternativa dependiendo de las políticas de cada país.

Otras formas de ahorro de corto plazo también son una opción y están más relacionadas con las eventualidades o la educación de los hijos. Todas estas decisiones son parte del oficio protector de un hombre hacia su familia. Lo contrario —vivir al día, sin ningún plan hacia el futuro— es un cultivo para la incertidumbre y comunica desesperanza. Esto termina por minar las otras áreas de autoridad, como bien lo señalan las Escrituras, cuando afirman que el que no provee para su propia casa «es peor que un incrédulo» (1 Ti. 5:8).

Tal vez puedas estar pensando que esto suena muy difícil de lograr y que es algo solo para expertos en finanzas o en programas especializados en contabilidad personal. Sin embargo, es una cuestión simple: lo que ahorro para el futuro es la diferencia positiva entre mis ingresos y mis gastos. Algunas personas confunden la planificación para el futuro con tacañería o con retener más de lo que es justo. Sin embargo, la diferencia es que el ahorro diligente siempre está asociado a un propósito programado y concebido con anticipación. Ahorrar para el futuro no se trata de guardar por guardar, lo cual puede conducirnos a la avaricia y la idolatría al dinero, un pecado aborrecible.

Sin embargo, no podrás saber cuánto ahorrar si no sabes cuáles son tus ingresos y tus gastos. Por eso, si estás interesado en adoptar esta idea, comienza con elaborar un presupuesto y busca determinar —con el mayor grado de fidelidad posible— cuál es el monto de tus ingresos y tus gastos, y a partir de allí construye un plan. Así que, debemos obedecer a la voz del Señor y ejercer nuestra sabiduría como buenos mayordomos, capaces de aprovechar los días de nuestra fuerza y guardar para cuando vengan los días de nuestro declive.

Planifica la provisión espiritual

> No acumulen para sí tesoros en la tierra, donde la polilla y la herrumbre destruyen, y donde ladrones penetran y roban; sino acumulen tesoros en el cielo, donde ni la polilla ni la herrumbre destruyen, y donde ladrones no penetran ni roban; porque donde esté tu tesoro, allí estará también tu corazón (Mt. 6:19-21).

Cuando hablamos de proveer bienes materiales para el futuro, caminamos por la acera que separa la sabiduría de la idolatría. Fácilmente podemos convertirnos en el acumulador de la parábola del rico insensato (Lc. 12:17-20), que puso su confianza en la producción de sus cultivos y el tamaño de sus graneros, sin considerar que su vida estaba en manos del Señor. La forma de resolver esta tensión es ahorrar, pero no poniendo nuestra confianza en el dinero, sino en el Señor.

Según algunas cifras, luego de La Gran Recesión que tomó lugar durante la crisis inmobiliaria de 2008 en los Estados Unidos, las muertes por suicidio ascendieron a unas 10,000 —muy por encima de las que ya se contaban por diversas causas—. Muchas personas que habían invertido su dinero en activos inmobiliarios veían cómo, de un momento a otro, todos sus bienes se habían esfumado como la neblina. El piso donde descansaba su esperanza desapareció de sus pies, lo que llevó a muchos a quitarse la vida. ¡Vaya manera de carecer de esperanza!

Los creyentes debemos ser previsivos en cuanto al futuro, pero también debemos descansar en la providencia divina y en su control soberano de todas las cosas. Somos llamados a ahorrar, pero no a perder de vista al Señor, pues nuestro tesoro no está aquí, sino en los cielos. Por esto, la inversión en lo espiritual tiene una mayor ganancia. Algunos dedican gran parte de su vida a proveer recursos materiales, de modo que terminan descuidando a sus familias y sus propias vidas. No importa cuánto se haya acumulado para el futuro si al final el alma se pierde.

Debemos trabajar en una cultura de inversión espiritual para el futuro como parte de nuestro liderazgo. Eso implica, por supuesto, la enseñanza de las Escrituras, lo cual es parte del llamado masculino (Ef. 5:29), pero también modelar una vida alrededor de la piedad. Ningún legado es tan valioso a largo plazo como aquel que conduce a los que están bajo nuestra responsabilidad y liderazgo hacia una confianza más profunda en Dios y hacia una fe sólida.

En Jeremías 35, encontramos la curiosa historia de los recabitas, una familia que había sido fiel al legado de su padre y que, cuando fueron tentados a violar los principios que habían recibido —los cuales consistían en no beber vino ni habitar en ciudades—, respondieron con firmeza: «No beberemos vino, porque Jonadab, hijo de Recab, nuestro padre, nos ordenó: "No beberán vino jamás, ni ustedes ni sus hijos [...]"» (Jer. 35:6). No consideraremos la implicación moral de beber vino o no —no es el punto del texto—. En cambio, lo que sí queremos es mostrar la manera en que Dios los pone como un ejemplo de lo que es obedecer el legado de un hombre mortal y terrenal, algo que Él espera de su pueblo; es decir, que obedezcan su voz e instrucción.

En el Nuevo Testamento, también leemos acerca de Timoteo: «Porque tengo presente la fe sincera *que hay* en ti, la cual habitó primero en tu abuela Loida y *en* tu madre Eunice, y estoy seguro que en ti también» (2 Ti. 1:5). No sabemos nada del padre de Timoteo —algunos asumen que estaba ausente para entonces—, pero lo importante es ver cómo la preocupación de su madre y su abuela por cultivar un legado espiritual trajo frutos significativos.

Aquí hay una aplicación familiar de este principio: es bueno que contribuyamos a la educación de nuestros hijos y que hagamos un presupuesto para costear los gastos que eso implique, pero si no invertimos para su futuro espiritual, todo el éxito que puedan cosechar caerá en saco roto. Debemos trabajar en esta clase de esfuerzos. Lo cierto es que vivimos en una época cada vez más centrada en el hombre y más alejada de Dios, que ve el éxito como la abundancia de bienes y reconocimiento. Pero es justamente allí donde debe brillar con toda potencia nuestra convicción de que nuestro mayor tesoro está en los cielos, y que el éxito de la vida no está en las riquezas o las glorias de este mundo.

Planifica la provisión para la eternidad

> En el futuro me está reservada la corona de justicia que el Señor, el Juez justo, me entregará en aquel día; y no solo a mí, sino también a todos los que aman Su venida (2 Ti. 4:8).

Una forma de pensar en la fe cristiana es verla como el cultivo de la fe hoy, para cosechar la esperanza de mañana. Vivimos un día a la vez para aguardar aquel día que no acabará, uno que será para la eternidad. Si en esta vida solo vivimos para nosotros mismos, descubriremos al final —cuando todo termine— la terrible fatalidad de haber desperdiciado nuestro tiempo en la búsqueda del placer momentáneo, mientras descuidamos las glorias de lo que dura para siempre.

Vivir con la mirada puesta en la eternidad cambia nuestra perspectiva de todo lo presente (Col. 3:1-3). Tengo la impresión de que una de las cosas que nos hace más susceptibles al dolor y al sufrimiento es tener nuestra mente y nuestros pensamientos anclados a lo que perece. Todas nuestras estimaciones acerca de la vida, y lo que tiene o no valor, varían si cambiamos nuestra perspectiva. Somos llamados a vivir bajo el resplandor de la eternidad, pero no es un secreto que muchas veces las nubes negras de la mundanalidad y el afán por las cosas de esta tierra nos privan de disfrutar la luz que nos provee dicho resplandor.

Hombres, no podemos creer la mentira del mundo de que nuestro valor está determinado por nuestros logros terrenales, la fuerza de nuestros músculos o el tamaño de lo que logramos construir. Aunque es cierto que hay virtud en la vida diligente y previsiva, eso no define nuestra identidad. Si tratamos de vivir como vive el resto del mundo, es muy probable que tarde o temprano tengamos envidia o frustración por no ver que nuestros esfuerzos tienen los resultados que vemos en otros, quienes, en ocasiones, ni siquiera conocen a Dios (Sal. 73). Pero si vivimos para Dios hoy, esa es la mejor forma de planificar nuestro futuro: recordando constantemente que estaremos con Él por toda la eternidad. Así que, planifica el futuro tan diligentemente como puedas, provee recursos y cultiva espiritualidad, pero no pierdas de vista la eternidad: no vivimos para este mundo, sino para uno venidero que no tendrá fin.

Conclusión

Hombre, no pierdas de vista el futuro, tanto en esta tierra como en la patria celestial. Eso te ayudará a planificar de la mejor forma cada una de tus acciones. Algo que será de beneficio no solo para ti, también será de provecho para tu familia, tu iglesia y todos aquellos que te rodean.

Por lo tanto, vela por tu futuro material, para ese día cuando ya no tengas las fuerzas para trabajar al ritmo que lo haces hoy. Para esa misma época, haber planificado y obrado en tu espiritualidad será un aliciente cuando las posibles depresiones y tristezas por no mantener la cadencia que desees vengan a ti. Y, sobre todo, planifica tu vida pensando en tu vida eterna, sueña con los nuevos cielos y la nueva tierra (Ap. 21:1).

12

Hombre sabio en la selección de sus amigos

DANIEL PUERTO

La batalla de Kruger fue una lucha entre leones, búfalos y un cocodrilo en el Parque Nacional de Kruger, en Sudáfrica. La lucha comenzó cuando una manada de búfalos se acercaba a un abrevadero sin notar la presencia de una manada de leones cerca. Estos atacaron a los búfalos y apartaron a una cría, que quedó *sola*. Parecía que los leones ya tenían cena, pero apareció un cocodrilo que quería un filete fresco. El pobre y pequeño búfalo fue alejado del cocodrilo y del agua por los leones. Todo parecía perdido para él. Los felinos ya saboreaban la victoria..., pero la manada de búfalos regresó y liberó al pequeño de las garras de los leones, seguramente ensangrentado y lastimado, pero vivo.[1]

Una de las estrategias de Satanás para destruirnos es alejarnos, aislarnos de otros, dejarnos *solos* —como el pequeño búfalo— en

1. BBC Mundo, «La batalla de Kruger», *BBC Mundo*, visitado el 14 de enero de 2023, http://news.bbc.co.uk/hi/spanish/misc/newsid_6939000/6939713.stm. El video al que se hace referencia en el artículo anteriormente citado ha sido reproducido 89 millones de veces en YouTube. Ver: https://www.youtube.com/watch?v=LU8DDYz68kM&ab_channel=JasonSchlosberg. Leí sobre esta batalla por primera vez en el libro de J. Garret Kell, *Pure in Heart: Sexual Sin and the Promises of God* (Wheaton, IL: Crossway, 2021), pp. 97-98.

las garras de nuestro enemigo, sin resistencia ni defensa, listos para ser devorados. Satanás «anda *al acecho* como león rugiente, buscando a quien devorar» (1 P. 5:8). Por eso necesitamos amigos, personas cercanas que nos conozcan, que identifiquen nuestras debilidades y estén dispuestos a rescatarnos en momentos de gran peligro. Necesitamos a otros hombres que nos amen (¡sí, leíste bien, hombres que nos amen!) en todo tiempo y que estén ahí para nosotros en momentos de angustia (Pr. 17:17). La amistad es uno de los regalos más valiosos que Dios nos ha dado.

Grandes pensadores han elevado la amistad a alturas que muchos de nosotros desconocemos hoy. La mayoría no damos tanto valor a la amistad como lo han hecho otros a lo largo de la historia. Por ejemplo, Aristóteles escribió que la amistad «es una cosa para la vida en todas maneras necesaria, porque ninguno hay que sin amigos holgara de vivir, aunque tuviera todos los demás bienes en abundancia».[2] Agustín de Hipona dijo en un sermón: «En este mundo, hay dos cosas esenciales: la vida y la amistad. Ambas deben ser muy apreciadas y no debemos subestimarlas».[3]

En nuestros días, especialmente en la iglesia de habla hispana, la amistad es un tema muy descuidado. Dedicamos tiempo para hablar del hombre como esposo, padre, trabajador y miembro de la iglesia, pero poco o nada hablamos del hombre como amigo. Kevin DeYoung dice que la amistad «es la relación más importante y de la que menos se habla en la iglesia».[4] Hay muchos hombres *solos* que son presas fáciles para el enemigo, y no tienen amigos que los rescaten. ¡Qué peligro! Con razón, C. S. Lewis escribió: «La amistad es el mayor de los bienes mundanos [...]

2. Aristóteles, *Ética a Nicómano*, Libro VIII, Capítulo I.

3. Agustín de Hipona, «*Sermon Denis* 16,1», AUGNET, visitado el 14 de enero de 2023, http://www.augnet.org/en/works-of-augustine/his-ideas/2311-augustine-on-friendship/. Recurso en inglés.

4. Kevin DeYoung, «The Gift of Friendship and the Godliness of Good Friends», The Gospel Coalition, visitado el 14 de enero de 2023, https://media.thegospelcoalition.org/static-blogs/kevin-deyoung/files/2011/08/TheGiftofFriendship.pdf, p. 2. Recurso en inglés.

la principal felicidad de la vida»,[5] por eso «necesita ser defendida contra el abandono moderno e incluso la sospecha».[6]

Si queremos ser hombres sabios, debemos tener amigos, amigos íntimos, *amigos del alma*. Y no me refiero a tener conocidos que se acerquen cuando hay buen clima, sino amigos de corazón que estén también presentes cuando atravesamos las tempestades de la vida. Eso es lo que el padre enseña a su hijo en Proverbios, el libro de sabiduría. *No hay hombre sabio sin amistades profundas con otros hombres*: «En todo tiempo ama el amigo, y el hermano nace *para tiempo* de angustia» (Pr. 17:17).

No obstante, también necesitamos sabiduría para elegir amigos, porque «hay amigos que llevan a la ruina, y hay amigos más fieles que un hermano» (Pr. 18:24, NVI). Entonces, ¿cómo elegimos nuestros amigos del alma? A continuación, consideraremos algunas características que no pueden faltar en nuestros amigos más cercanos.[7]

Lealtad

La lealtad es el primer requisito para una amistad profunda. Sin ella no hay amistad. El monje Elredo de Rieval escribió: «En la amistad nada supera a la lealtad, pues parece ser la nodriza y guardiana de la propia amistad».[8] Pero es muy difícil encontrar un amigo leal. Las personas leales no abundan.

El escritor de Proverbios nos recuerda: «Muchos hombres proclaman su propia lealtad, pero un hombre digno de confianza,

5. C. S. Lewis, *The Collected Letters of C. S. Lewis, Volume II: Books, Broadcasts, and the War, 1931-1949* (Nueva York, NY: HarperCollins, 2004), p. 174.

6. C. S. Lewis, *The Collected Letters of C. S. Lewis, Volume III: Narnia, Cambridge, and Joy, 1950-1963* (Nueva York, NY: HarperCollins, 2007), p. 1092.

7. Algunas partes de este capítulo han sido adaptadas con permiso de mi libro que será publicado este año, si Dios lo permite, con el título: *Amigos del alma* (Medellín, Colombia: Poiema Publicaciones, 2023). Si quieres explorar el tema de las amistades con mayor profundidad, te recomiendo ese recurso cuando esté disponible.

8. Elredo de Rieval, *Spiritual Friendship* (Collegeville, MN: Liturgical Press, 2010), p. 129.

¿quién lo hallará?» (Pr. 20:6).[9] Decir: «Soy un hombre leal» es fácil, pero *ser* un hombre leal de verdad es otra historia, porque la lealtad proviene del carácter formado. La lealtad no puede ser fabricada rápidamente como un producto barato y fácil de conseguir, porque es fruto de un corazón transformado y maduro. El amigo leal es fiel: se mantiene a tu lado, te dice la verdad, no divulga información que debe ser protegida y hace todo lo posible por cumplir sus promesas.

¿Cómo podemos saber con seguridad si alguien es leal o no? Podemos aplicar el principio que nos enseñó Jesús: «El que es fiel en lo muy poco, es fiel también en lo mucho; y el que es injusto en lo muy poco, también es injusto en lo mucho» (Lc. 16:10; cf. Mt. 25:21, 23; Lc. 19:17). Para saber si un hombre es leal, comparte un poco de información de tu vida con él. ¿Cómo la maneja? «El que cubre una falta busca afecto, pero el que repite el asunto separa a los mejores amigos» (Pr. 17:9). Si consideras que manejaron bien esa información, confíales más. Cito nuevamente al monje Elredo:

> A los amigos que todavía consideramos a prueba, creemos necesario no confiarles ni todos ni los más profundos secretos,

9. La palabra «lealtad» es la traducción de la palabra hebrea «חֶסֶד (*kjésed*)», la cual está llena de riquezas en su significado. Básicamente, *kjésed* describe el amor leal, inquebrantable de una persona por otra, amor que a veces se refleja en un pacto que se cumple sin importar las circunstancias. El profesor de Dallas Theological Seminary, Benjamin Simpson, afirma que «se refiere a dos personas o grupos de personas que han formado una relación previamente. Describe una actitud de lealtad entre los dos, pero también requiere algún tipo de acción (Sakenfeld, *The Meaning of Hesed in the Hebrew Bible*, 16-21). Cuando "amor leal" (חֶסֶד, *kjésed*) se usa en referencia a personas, representa un tipo de fidelidad o lealtad que lleva a la acción […] Las promesas entre dos personas exhiben este tipo de dinámica relacional más claramente», en Benjamin I. Simpson, «Loyal Love», editado por John D. Barry *et al.*, *The Lexham Bible Dictionary* (Bellingham, WA: Lexham Press, 2016). Para más información sobre esta palabra, véase también Ludwig Koehler, Walter Baumgartner, *et al.*, *The Hebrew and Aramaic Lexicon of the Old Testament* (Leiden, Países Bajos: E. J. Brill, 1994-2000), pp. 336-337; James Swanson, *Dictionary of Biblical Languages with Semantic Domains: Hebrew (Old Testament)* (Oak Harbor, WA: Logos Research Systems, Inc., 1997), «חֶסֶד».

> sino al principio los más externos o triviales, por los que no perderíamos el sueño si se guardaran o no. Sin embargo, debemos confiarlos con tanta precaución como si revelarlos supusiera la mayor pérdida, y ocultarlos, la mayor ganancia. Si en ello encuentras a alguien leal, no dudes en ponerlo a prueba en secretos mayores.[10]

Encontrar amigos leales no es fácil, pero ¿qué cosa buena es fácil en este mundo? Toma el tiempo necesario, pide sabiduría a Dios (Él te la dará «abundantemente y sin reproche» [Stg. 1:5]) y ora que te provea amigos leales. Los encontrarás.

Amor

El amor es indispensable para tener una amistad profunda con otros hombres, porque es lo que nos motiva a hacer los sacrificios que requieren ese tipo de relaciones y nos mueve a perseverar en medio de las fricciones normales que existen entre los amigos. Por eso debemos recordar siempre el siguiente proverbio: «En todo tiempo ama el amigo» (Pr. 17:17). El comentarista Bruce Waltke nos explica que este proverbio habla del

> reconocimiento, por parte del amigo, del valor y la dignidad inherentes de aquel con quien desea estar en todo momento en una relación recíproca, incluso en la angustia y el sufrimiento extremos. El verdadero carácter del amor se expresa mediante una acción sustantiva y desinteresada en la adversidad, no mediante [muestras superficiales de cariño].[11]

¿Cómo sabemos si alguien nos ama? Francis Schaeffer nos responde: *Primero*, quien ama, *pide perdón* cuando ofende al otro (lo cual es muy difícil). *Segundo*, quien ama *perdona* al ofensor

---

10. Elredo de Rieval, *Spiritual Friendship*, p. 131.

11. Bruce K. Waltke, *The Book of Proverbs, Chapters 15–31*, The New International Commentary on the Old Testament (Grand Rapids: Wm. B. Eerdmans Publishing Co., 2005), p. 57.

(lo cual es más difícil aún). Y *tercero*, quien ama debe hacer lo necesario, a cualquier precio, *para mostrar este amor de maneras prácticas, tangibles y observables*.[12]

Franqueza

«Fieles son las heridas del amigo, pero engañosos los besos del enemigo» (Pr. 27:6). Según este proverbio, en algunos casos debemos preferir una herida antes que un beso. Parece un disparate, pero es así. Debemos preferir las palabras de reprensión de un amigo que nos conoce y nos ama (aunque dolorosas), antes que las palabras de aprobación hipócrita de alguien que es hostil contra nosotros (aunque suenen bien a nuestros oídos).

Al considerar el tema de la amistad con otros hombres, podemos engañarnos fácilmente. Podemos pensar que tenemos buenos amigos y relaciones muy saludables porque los más cercanos aplauden todas nuestras acciones, nunca desafían nuestra vida, nunca confrontan nuestro pecado y siempre nos dicen que todo va bien. Sin embargo, todos necesitamos, tarde o temprano, la intervención amorosa y firme de un amigo que nos hable palabras que, en el momento, se sientan como «heridas», pero que, a largo plazo, darán fruto de justicia en nuestra vida.

El fallecido consejero bíblico David Powlison tenía un amigo franco que lo amó lo suficiente como para decirle: «Te quiero y respeto como persona, y quiero lo mejor para ti. Pero te estás destruyendo a ti mismo con lo que crees y cómo estás viviendo». Powlison reflexionó después sobre esa conversación con su amigo y escribió:

> Esas fueron precisamente las palabras que cambiaron mi vida. El misil teledirigido de amor sabio hizo estallar el búnker de egoísmo en el que vivía. Las palabras de mi amigo no eran producto de la técnica. No tenían arte. Pero tenían

---

12. Francis A. Schaeffer, *The Mark of the Christian* (Downers Grove, IL: InterVarsity Press, 1970), pp. 37, 40 y 47.

cuatro cosas a su favor. Eran verdaderas, amorosas, personales y apropiadas.[13]

¿Cómo podemos saber si un hombre es franco? *Primero*, debemos estar dispuestos a recibir esas «heridas del amigo». La falta de disposición a tener ese tipo de conversaciones y atender con humildad los consejos de otros nos hará incapaces de tener ese tipo de amigos.[14] *Segundo*, pregúntate si ese hombre conoce el evangelio. ¿Entiende la gravedad del pecado? ¿Conoce la obra de Cristo en la cruz a favor de los pecadores? ¿Percibe con claridad la gracia de Dios demostrada en el evangelio de Cristo? ¿Reconoce su propio pecado y se dirige a Cristo para encontrar perdón y victoria? ¿Cómo responde al pecado de aquellos que lo rodean? ¿Menciona la cruz, la gracia, a Jesús, el evangelio y el perdón? Necesitamos hombres en nuestra vida que comprendan lo horrible del pecado y lo maravilloso de la obra de Cristo para perdonar y rescatar pecadores. Necesitamos hombres que nos lleven a la cruz.

Toma tiempo

Dios, por su gracia, nos proveerá amigos leales, que nos amen y que sean francos. Pero la búsqueda de estos *amigos del alma* no es fácil o rápida. No puedes apresurarte. Escucha las sabias palabras de Charles Spurgeon:

> Ay, pero no escribas «amigo» todavía; espera un poco, hasta que lo conozcas más; solo míralo, pruébalo, examínalo, evalúalo, y no lo inscribas hasta entonces en la sagrada lista de amigos. Sé amigable con todos, pero no hagas a ninguno tu amigo hasta que te conozcan y tú los conozcas. Muchas amis-

---

13. David Powlison, *Speaking Truth in Love: Counsel in Community* (Greensboro, NC: New Growth Press, 2005), pp. 9-10.

14. Si deseas conocer más sobre la humildad, te recomendamos el libro que Josué Pineda Dale y este servidor editamos: *El orgullo: La batalla permanente de todo hombre* (Grand Rapids: Editorial Portavoz, 2021).

> tades nacidas en la oscuridad de la ignorancia han muerto repentinamente a la luz de un mejor conocimiento mutuo.[15]

No estés ansioso. No te desesperes. No tires la toalla. No es fácil encontrar esta clase de amigos, pero los necesitas. Así que, sigue pidiendo a Dios que te los provea. Continúa buscando a esos amigos. Pero, *sobre todo* sé esa clase de amigo.

Sé un amigo

Después de leer hasta aquí, podemos desanimarnos y pensar: *Es imposible encontrar a hombres con esas características para que sean mis amigos. Si estos son los requisitos que debo buscar en un amigo cercano, nunca tendré esas relaciones profundas con otros.* Pero quiero darte el mejor consejo que he escuchado para tener los mejores amigos (¿estás listo?): «Los mejores amigos generalmente tienen los mejores amigos».[16]

La clave para tener amigos del alma no está en enfocarte en lo que los demás hacen o no hacen, lo que ellos son o no son, los requisitos que cumplen o no cumplen. La clave para tener los mejores amigos es ser el mejor amigo que puedas ser para otros. ¿Recuerdas la famosa «regla de oro» que Jesús mandó a sus seguidores, los miembros del reino? Aquí está: «Todo cuanto quieran que los hombres les hagan, así también hagan ustedes con ellos» (Mt. 7:12). John Stott nos provee un comentario muy práctico sobre esa regla de oro cuando escribe:

> Buscar el beneficio propio con frecuencia nos guía en nuestros propios asuntos. Ahora también debemos dejar que nos

15. Extracto del sermón «Un amigo fiel» predicado por Spurgeon en la Capilla New Park Street. Charles H. Spurgeon, «A Faithful Friend», The Spurgeon Center, 8 de marzo de 1857, visitado el 14 de enero de 2023. https://www.spurgeon.org/resource-library/sermons/a-faithful-friend/#flipbook/. Recurso en inglés.

16. Kevin DeYoung, «The Gift of Friendship and the Godliness of Good Friends», p. 3.

> guíe en nuestro comportamiento hacia los demás. Todo lo que debemos hacer es usar nuestra imaginación, ponernos en el lugar de la otra persona y preguntarnos: «¿Cómo me gustaría que me trataran en esa situación?».[17]

Así que, antes de preguntarme: «¿Es Roberto leal conmigo?», debo preguntarme: «¿Soy leal con Roberto? ¿Alguien me elegiría como su amigo por mi lealtad?». Antes de evaluar el amor que Roberto me tiene, me pregunto si yo lo amo como Cristo me amó a mí. Me pregunto: «¿Amo de corazón a Roberto y lo demuestro perdonándolo cuando es necesario, pidiéndole perdón cuando debo y sacrificándome por él de maneras tangibles? ¿Alguien me elegiría como su amigo por mi amor sacrificial, no egoísta?». Antes de hacer un juicio a la franqueza de Roberto conmigo, debo considerar mi vida: «¿Estoy hablando con franqueza cuando es necesario? ¿Hablo al corazón de mis amigos porque me preocupan y quiero lo mejor para ellos?». De nuevo, recuerda: «Todo cuanto quieran que los hombres les hagan, así también hagan ustedes con ellos» (Mt. 7:12). Tener los mejores amigos comienza cuando yo mismo soy el mejor amigo que puedo ser para otros.

Conclusión

La batalla de las Ardenas (diciembre de 1944 a enero de 1945) fue el último intento de la Alemania nazi durante la Segunda Guerra Mundial para hacer retroceder a los ejércitos aliados que se acercaban victoriosamente a Berlín, para demandar la rendición total de Hitler y su ejército. Esta brutal y sangrienta batalla tuvo lugar en los bosques y las montañas de las Ardenas que se encuentran entre Bélgica, Luxemburgo y Francia. «Mientras

17. John R. W. Stott, *The Message of the Sermon on the Mount (Matthew 5—7): Christian Counter-Culture*, The Bible Speaks Today (Leicester, Inglaterra; Downers Grove, IL: InterVarsity Press, 1985), p. 191.

que los Aliados sufrieron unas 75,000 bajas, Alemania perdió 120,000 hombres».[18] Imagínate, ¡casi 200,000 muertos!

Entre los sobrevivientes de esa batalla, estuvieron los hombres de la Compañía *Easy*,[19] o mejor conocidos como «Hermanos de sangre» por la famosa serie de HBO basada en sus experiencias. Estos hombres no tenían nada especial. «Eran granjeros y mineros de carbón, montañeros» y hombres del sur de los Estados Unidos, entrenados en el Campamento Toccoa en Georgia, para luchar en la Segunda Guerra Mundial.[20] Eran hombres comunes y corrientes que fueron a la guerra por la libertad. Stephen Ambrose, en su fenomenal libro sobre la Compañía *Easy*, escribió que ellos «sobrevivieron [la batalla de] las Ardenas porque se habían convertido en una banda de hermanos».[21] Ellos sobrevivieron por sus fuertes lazos de amistad forjados a lo largo de su entrenamiento y en la guerra.

Tú y yo somos hombres comunes y corrientes que necesitamos una banda de hermanos, un grupo de amigos del alma, hombres cercanos con quienes compartamos nuestra vida para ayudarnos a resistir en medio de las batallas que enfrentamos cada día. ¿Tienes una banda de hermanos que te acompañen? Que por la gracia de Dios tengas esos hombres leales, llenos de amor y francos que sean usados por Dios en tu vida para tu bien y gozo. Pero, sobre todo, que tú seas ese amigo leal, lleno de amor y franco para el bien y el gozo de otros, para la gloria de Dios.

---

18. Los editores de la Encyclopaedia Britannica, «Battle of the Bulge», *Encyclopaedia Britannica*, visitado el 14 de enero de 2023, https://www.britannica.com/event/Battle-of-the-Bulge. Recurso en inglés.

19. Nombre completo: Compañía Easy del 2.º Batallón de la quinta compañía del 506.º Regimiento de Infantería de Paracaidistas de la 101.ª División Aerotransportada del Ejército de los Estados Unidos.

20. Stephen E. Ambrose, *Band of Brothers: E Company, 506th Regiment, 101st Airborne from Normandy to Hitler's Eagle's Nest* (Nueva York, NY: Simon & Schuster, 2001), p. 15. El título de este libro fue traducido al español como *Hermanos de sangre*.

21. Ambrose, *Band of Brothers*, p. 220.

13

Hombre sabio en la administración de sus posesiones

NELSON MATUS

Habiendo estudiado en el capítulo anterior cómo usar la sabiduría para elegir amigos, es importante que ahora nos dispongamos a estudiar cómo administrar de manera sabia lo que Dios nos da hoy. Avanzamos de las relaciones interpersonales a la relación que tenemos con nuestras posesiones. La sabiduría de Dios es necesaria en todas las áreas de la vida del cristiano y, por supuesto, la administración del dinero no queda fuera. En cientos de versículos, la Biblia enseña acerca del dinero, las posesiones y las riquezas, y nos imparte la perspectiva divina sobre este importante tema que, aunque pueda parecer un asunto terrenal, realmente no lo es. La mayordomía del dinero tiene una relación inseparable con la espiritualidad, los afectos del corazón y la eternidad.

Ahora bien, este libro podría llegar a las manos de un hombre de negocios, a un creyente que tiene lo justo para su mantenimiento, a un hombre retirado del mundo laboral, así como a un joven que aún no trabaja. El espectro de lectores es tan amplio que reconozco que la brevedad de este capítulo no puede brindar respuestas exhaustivas para cada lector. No obstante, anhelo, por la gracia del Señor, que este escrito alimente un deseo profundo de glorificar a Dios con la mayordomía sabia de tus finanzas. Además, oro que también produzca una inquietud piadosa por estudiar cómo usar sabiamente los recursos que el Señor pone en tus manos. En este capítulo, presentaré cinco principios bíblicos, agrupados en dos secciones: primero, los de aplicación general —sin importar la situación financiera del lector—; en segundo lugar, los que tiene el objetivo de mostrar desde las Escrituras la administración del dinero (esta última parte será de especial ayuda a los que carecen de estos conocimientos).

Principios bíblicos de aplicación general sobre las finanzas

El primer principio es este: somos mayordomos, no dueños. Este es un principio bíblico elemental para la genuina búsqueda de sabiduría bíblica respecto de la manera que utilizamos el dinero que Dios pone en nuestras manos. Puesto que todo es del Señor, es decir, que de Él vienen todas nuestras bendiciones —incluyendo el fruto de nuestro trabajo—, debemos reconocer que todo nos es provisto por Dios como una muestra de su fidelidad, generosidad y providencia. Por lo tanto, debemos asumir una posición de mayordomos de lo que le pertenece y no una posición de dueños independientes del Creador. En otras palabras, somos mayordomos que requieren la sabiduría del verdadero Dueño y Señor de todo.

El cristiano, cuando administra el dinero, no se acerca a Dios preguntando: «Señor, ¿qué quieres que haga con *mi* dinero?». Más bien se acerca humilde a Dios preguntando: «Señor, ¿qué quieres que haga con *tu* dinero? ¿Cómo quieres que use el dinero que me permites administrar? ¿Qué, cómo, cuándo y para qué debería usar lo que es tuyo?». Esto cambia radicalmente nuestra mente y corazón hacia el dinero. Conecta nuestras decisiones financieras a la sujeción al Señor y nos ubica en un plano de necesidad constante de humilde obediencia a su perspectiva acerca de las cosas materiales en esta vida pasajera. Debemos tener siempre presente que para Dios «el hombre exitoso es distinto a quien el mundo considera exitoso».[1]

Por esto afirmo que toda decisión financiera tiene una relación inseparable con la piedad del cristiano, porque es un mayordomo, no el verdadero propietario. Dios pedirá cuentas de lo que cada uno hizo y no hizo bien con sus recursos. Ser mayordomos implica que toda decisión financiera es una decisión espiritual. ¡Por eso necesitamos sabiduría bíblica constantemente! La Biblia es clara en afirmar todo lo que hemos estado hablando, primero en el Antiguo Testamento: «"Mía es la plata, y Mío es el oro", declara el Señor de los ejércitos» (Hag. 2:8). Luego es confirmado también en el Nuevo Testamento: «Porque ¿quién te distingue? ¿Qué tienes que no recibiste? Y si lo recibiste, ¿por qué te jactas como si no lo hubieras recibido?» (1 Co. 4:7). Pablo nos ayuda a resumirlo de una buena manera: «Porque nada hemos traído al mundo, así que nada podemos sacar de él» (1 Ti. 6:7).

El segundo principio en esta primera categoría es que los recursos necesarios para el sustento diario se obtienen mediante el trabajo honesto. El trabajo honesto y dedicado es la manera que Dios estableció para que el hombre obtenga su «pan» diario. Y enfatizo el adjetivo «honesto» porque hay injustos que prosperan y se lucran mediante negocios deshonestos en los que ningún cristiano debería involucrarse —por más tentador que suene hacerlo—. El pan diario no se debe obtener bajo formas de enriquecimiento ilícitas, vanas, necias y deshonrosas.

El trabajo no es una maldición por la caída de Adán. Génesis 2:15 enseña que Adán fue puesto en el huerto para que lo labrara. El trabajo fue dispuesto por Dios antes de la caída, porque el «huerto no fue creado para ser sustentable por sí mismo. Era necesario que un agricultor lo mantuviera en funcionamiento

1. Héctor Salcedo, *Finanzas bíblicas* (Nashville, TN: Editorial Vida, 2020), p. 56.

y lo hiciera productivo».[2] Adán fue designado por Dios como representante de la raza humana para ejercer dominio y sojuzgar la creación. Y para cumplir con ello, fue dotado con facultades cognoscitivas (inteligencia y creatividad) y físicas (salud, fuerza y vigor), para que logre ser productivo y glorifique a su Creador por medio del trabajo.

Hoy día, muchos jóvenes no son instruidos ni equipados por sus padres para ser productivos en un oficio con el fin de obtener el sustento de sus futuras familias. He quedado sorprendido con la escasa ética laboral que hay entre muchos cristianos y el descuido de los padres en enseñar a sus hijos a trabajar con el sudor de su frente. Padres, debemos enseñar a nuestros hijos a trabajar productiva y diligentemente como para el Señor, con toda honradez. Si ellos no aprenden a trabajar, seguramente caerán en desgracia financiera o ética, y se enredarán en ganancias deshonestas o inmorales, en codicias engañosas, o en una vida improductiva y ociosa que deshonra a Dios. Esto es algo que el apóstol Pablo señala al joven Timoteo:

> Pero los que quieren enriquecerse caen en tentación y lazo y en muchos deseos necios y dañosos que hunden a los hombres en la ruina y en la perdición. Porque la raíz de todos los males es el amor al dinero, por el cual, codiciándolo algunos, se extraviaron de la fe y se torturaron con muchos dolores (1 Ti. 6:9-10).

En medio de una cultura exhibicionista, en la que muchos ganan dinero fácil de formas deshonrosas, nuestros hijos deben ser enseñados e instruidos a trabajar con excelencia de manera que Dios sea glorificado. Pero también, deben ser enseñados a administrar el dinero que llegará a sus manos como fruto de ese trabajo honesto y dedicado.

2. Jim Newheiser, *Dinero, deuda y finanzas* (Medellín, Colombia: Poiema Publicaciones, 2022), p. 52.

Unos años atrás, leí una estadística que afirma que «el 80% de los estudiantes que se gradúan de la universidad en los Estados Unidos tienen deudas de tarjetas de crédito antes de tener su primer trabajo posuniversidad».[3] Esto significa que muchos jóvenes no saben manejar el dinero, aunque sean universitarios. Evidentemente, un título de universidad no otorga sabiduría bíblica. Los padres sabios preparan a sus hijos en la sabiduría bíblica para vivir la vida bajo el diseño de Dios, en el temor del Señor y para su gloria.

Las Escrituras condenan radicalmente el ocio como algo perjudicial para obtener el sustento del pan diario, y lo catalogan como una necedad: «Si alguien no quiere trabajar, que tampoco coma» (2 Ts. 3:10); además, «si alguien no provee para los suyos, y especialmente para los de su casa, ha negado la fe y es peor que un incrédulo» (1 Ti. 5:8). La ociosidad es uno de esos pecados que puede hundir a una familia, porque el ocio nos impide trabajar con dedicación para obtener un buen «pan diario» para nuestro sustento (Pr. 6:6-11). Por eso, el proverbista nos advierte: «No ames el sueño, no sea que te empobrezcas; abre tus ojos *y* te saciarás de pan» (Pr. 20:13).

Ahora bien, siendo mayordomos de lo que Dios nos da por su gracia providente, y teniendo en nuestras manos el fruto de nuestro trabajo honesto, productivo y dedicado, surge la siguiente pregunta: ¿Cómo utilizarlo con sabiduría bíblica mientras estemos en la tierra? Te animo a analizar dos realidades financieras entre los hispanos, que pueden ayudarnos a obtener una perspectiva de la magnitud del problema y de la urgente necesidad de sabiduría de parte de Dios: «Un 84.2% de los latinos en Estados Unidos dijo que no tenía ningún tipo de educación o capacitación financiera».[4] Adicionalmente, Forbes México, en un artículo publicado el año 2018 afirma que, de acuerdo con la

---

3. Dave Ramsey, *La transformación total de su dinero*, revisado y actualizado (Nashville, TN: Grupo Nelson, 2008), p. 15.

4. ConsolidatedCredit, «84% de los hispanos en Estados Unidos no tiene ningún tipo de educación financiera», ConsolidatedCredit, visitado

«Encuesta Nacional de Inclusión Financiera, más de 63% dijeron no tener ningún tipo de registro de sus gastos».[5] Estos datos no suenan a sabiduría.

Lo anterior significa que una mayoría abrumadora de mexicanos (y pienso que esto no debe de ser muy diferente entre el resto de los latinoamericanos) no tienen una planificación mensual ni anual de sus gastos, ni metas a mediano o largo plazo en el área financiera, ningún registro de sus deudas, ni la disciplina para dar generosa y planificadamente en sus iglesias, o incluso, ningún tipo de ahorro para emergencia, ni para su tiempo de vejez. Esto quiere decir que ¡un altísimo porcentaje de latinos vive en la completa necedad y desorden, y en una falta de planificación, que los lleva al caos financiero! Y, posiblemente, algunos miembros de nuestras congregaciones estén en esa situación.

Tan alta es la necedad en esta área que «un 78% de las veces, después que una persona consolida sus deudas por tarjeta de crédito, su nivel de deuda vuelve a aumentar».[6] Y esto ocurre porque no hay cambios de formación ni de valores bíblicos que puedan sacar a las personas de esos pozos financieros, hasta llevarlos hacia una nueva forma de administrar con sabiduría bíblica que glorifique al Señor. De nada sirve si obtenemos nuestros ingresos de manera honesta, si no somos buenos administradores ni usamos los recursos que Dios nos da de manera sabia y para su gloria. Esto último da pie a la segunda categoría de principios que estudiaremos a continuación.

Principios bíblicos para administrar el dinero sabiamente

El primer principio de esta segunda categoría de principios bíblicos es que no debes gastar más de lo que ganas. Parece absurdo

---

el 21 de diciembre de 2022, https://www.consolidatedcredit.org/es/notas-financieras/84-hispanos-en-estados-unidos-no-tiene-educacion-financiera/.

5. Forbes Staff, «5 consejos para realizar un presupuesto familiar en 2018», Forbes México, visitado el 21 de diciembre de 2022, https://www.forbes.com.mx/5-consejos-para-realizar-un-presupuesto-familiar-en-2018/.

6. Ramsey, *La transformación total de su dinero*, p. 55.

solo mencionarlo, pero no lo es. Aunque parezca algo tan obvio, la realidad es que muchas personas mensualmente gastan más de lo que ganan, y por eso recurren a una vida de constante deuda, préstamos y créditos que después no pueden pagar. Estos créditos son los que te hunden y asfixian en intereses hasta llevarte al caos o al completo desastre económico. Necesitas saber cuánto ganas para entonces saber cuánto puedes gastar sabiamente —a esto llamamos presupuesto.

La deuda y el crédito desordenado son un síntoma de diversos pecados y afectos no piadosos en el corazón, por ejemplo:

- Falta de contentamiento bíblico con tu nivel de vida.
- Codicia o avaricia.
- Amor por las cosas materiales y temporales.
- Dar la apariencia e impresión de vivir «mejor» de lo que realmente puedes.
- Despilfarro y derroche.
- Falta de dominio propio, entre muchos otros.

Podemos ser ortodoxos en nuestra teología y sobrios en nuestra moralidad y, aun así, tolerar en nuestra vida algunos pecados sutiles. Pon atención a tu corazón, porque tu billetera usualmente está conectada con él.

Un necio gasta y malgasta: «Tesoro precioso y aceite hay en la casa del sabio, pero el necio todo lo disipa» (Pr. 21:20). Todo se lo traga. No planifica. No piensa en el futuro: «Porque el borracho y el glotón se empobrecerán, y la vagancia se vestirá de harapos» (Pr. 23:21). No considera que es un mayordomo que rendirá cuentas al Dios que todo nos da, sino que da rienda suelta a todo tipo de deseos vanos que lo hundirán. Por eso, el Señor advierte que «la fortuna *obtenida* con fraude disminuye, pero el que la recoge con trabajo *la* aumenta» (Pr. 13:11).

El segundo principio es hacer un presupuesto mensual de gastos. Un presupuesto mensual te ayudará a saber dónde y cómo dirigir el dinero que obtienes. Presupuestar es decirle a tu dinero dónde debe ir. En cambio, cuando no hay presupuesto mensual, usualmente, terminas tratando de adivinar dónde se te escapó. Dave Ramsey afirma sabiamente que «un bien planificado presupuesto para cosas anticipadas y un fondo de emergencia para lo que verdaderamente es inesperado, puede poner fin al ciclo de dependencia de las tarjetas de crédito».[7]

La Biblia no condena la planificación, por el contrario, la estimula, al igual que el ahorro y la organización, aunque sí condena la soberbia que se cree dueña y soberana del futuro. Planear es aplicar sabiduría, porque, aunque «el futuro depara necesidades que no conoces, también sabemos que vendrán necesidades ciertas».[8] Esto es algo que vemos en Proverbios 24:3-4: «Con sabiduría se edifica una casa, y con prudencia se afianza; con conocimiento se llenan las cámaras de todo bien preciado y deseable».

El tercer principio es que tu presupuesto debe reflejar prioridades bíblicas. En primer lugar, daremos al Señor generosa, amorosa y voluntariamente. Tu presupuesto debe reflejar como prioridad dar para la obra del Señor fielmente. Pablo establece en 1 Corintios 16:2 y 2 Corintios 9:6-7 ciertos principios que nos imparten sabiduría bíblica al respecto. La ofrenda que damos al Señor debería caracterizarse por lo siguiente:

- Debe ser sistemática: «Que el primer *día* de la semana».
- Debe ser personal: «cada uno de ustedes».
- Debe ser planificada: «aparte *y* guarde».
- Debe ser proporcional: «según haya prosperado» (cuanto más ganas, más debes dar).
- Debe ser genuina: «cada uno *dé* como propuso en su corazón».
- Debe ser voluntaria: «no de mala gana ni por obligación».

---

7. *Ibíd.*, p. 115.
8. Salcedo, *Finanzas bíblicas*, p. 63.

En segundo lugar, tu presupuesto debe procurar el mantenimiento diario básico de tu familia. Aquí hablamos de sustento y abrigo, comida y techo (1 Ti. 6:8; Mt. 6:31-33). Esto es lo mínimo y básico que debes cubrir. Pero una vez cubiertas estas provisiones básicas, la administración requiere mayor sabiduría. ¿Qué hacer con todo el excedente de dinero que queda una vez que cubriste esas necesidades básicas? Lo común y peligroso es solo pensar en «aumentar» el nivel de vida y comodidad. Esto se nos advierte en Lucas 12:15: «También les dijo: "Estén atentos y cuídense de toda forma de avaricia; porque *aun* cuando alguien tenga abundancia, su vida no consiste en sus bienes"».

En tercer lugar, tu presupuesto debe reflejar generosidad bíblica hacia otros. Por ejemplo, los que tengan padres ancianos o en viudez deben aprender a ser piadosos con los suyos y proveer para ellos (1 Ti. 5:4). Además, incluye compartir y ayudar a otros en situación de pobreza o desgracia; aunque será necesario discernir entre un pobre y un ocioso, y entre alguien que no quiere suplir una necesidad y alguien que no puede suplirla. Tal como Newheiser lo resume: «Aunque en general es apropiado ayudar a los pobres, es imprudente, injusto e incluso inútil dar recursos a los que se niegan a trabajar»[9]. A quiénes dar, cuánto dar, cuándo dar y cómo dar requiere gran discernimiento, sabiduría y evaluación caso por caso, pero debemos ser conocidos por la generosidad amorosa y de corazón hacia el reino de Dios y hacia otros. El apóstol Juan hizo énfasis al respecto en su primera epístola: «Pero el que tiene bienes de este mundo, y ve a su hermano en necesidad y cierra su corazón contra él, ¿cómo puede morar el amor de Dios en él?» (1 Jn. 3:17). El apóstol Pablo también resaltó la necesidad de ayudar a los necesitados: «El que roba, no robe más, sino más bien que trabaje, haciendo con sus manos lo que es bueno, a fin de que tenga qué compartir con el que tiene necesidad» (Ef. 4:28).

---

9. Newheiser, *Dinero, deuda y finanzas*, p. 71.

En cuarto lugar, debes anticipar el futuro piadosamente (posibles crisis, enfermedades, vejez, proyectos, ahorro, etc.), pero, sobre todo, debes anticipar y mirar a la eternidad. Es fácil confundir «mirar al futuro» precavidamente, con una falsa búsqueda de seguridad, soberanía y prosperidad egoísta que deja fuera la eternidad. En 1 Timoteo 6:17 se advierte «a los ricos en este mundo que no sean altaneros ni pongan su esperanza en la incertidumbre de las riquezas, sino en Dios, el cual nos da abundantemente todas las cosas para que las disfrutemos».

Seguramente, un economista inconverso te podría enseñar mucho acerca de cómo hacer inversiones, fondos mutuos u obtener rentabilidad para tu retiro en la vejez, pero ¿qué diferencia hará en la eternidad todo ese dinero recaudado? ¿Solo será usado para ti y tu placer? Acumular para el placer terrenal es una necedad y, me temo que, mucho del «ahorro» de algunos cristianos es solo acumulación y amor al dinero disfrazado de planificación. Jim Newheiser escribió que «la Biblia nos enseña principios que son mucho más importantes que las meras claves del éxito financiero terrenal. Se nos enseña a vivir por lo que más importa para que nuestras vidas cuenten en la eternidad»[10].¡Cuánta sabiduría necesitamos! Consideremos lo que el Señor nos dice:

> No os hagáis tesoros en la tierra, donde la polilla y el orín corrompen, y donde ladrones minan y hurtan; sino haceos tesoros en el cielo, donde ni la polilla ni el orín corrompen, y donde ladrones no minan ni hurtan (Mt. 6:19-21, RVR-60).

> Mas nuestra ciudadanía está en los cielos, de donde también esperamos al Salvador, al Señor Jesucristo (Fil. 3:20, RVR-60).

Conclusión

En resumen, el cristiano sabio, con una mente nutrida bíblicamente, debe conocer la diferencia entre:

10. *Ibíd.*, p. 294.

- Generosidad y despilfarro.
- Emergencia y desorganización.
- Planificación y avaricia.
- Planificación y soberbia.
- Ahorro y acumulación.
- Invertir y codiciar.
- Oportunidad y desenfreno.
- Productividad y adicción al trabajo.
- Descanso y ociosidad.
- Precaución y desconfianza.
- Contentamiento y conformismo.
- Proyectos y materialismo.

Por lo tanto, un hombre sabio debe reconocer que una buena administración es más compleja que solo aprender a sumar y restar. Hacerla sin un consejo piadoso a tu alrededor que te permita evaluar con honestidad si hay «ídolos» de codicia, avaricia o vanidad, es una pésima forma de ser un mayordomo sabio y fiel. Por lo tanto, asegúrate de buscar consejo, y uno bueno, es decir, de una persona que sepa al respecto y que tema al Señor. Si estás casado, debes conversar y evaluarlo continuamente con tu esposa, porque, por ejemplo, «un ahorrador prudente que mantenga su presupuesto y odie las deudas puede ayudar a evitar que su cónyuge, que gasta mucho, tome decisiones financieras imprudentes e impulsivas».[11] Así que rodéate de personas piadosas que te permitan evaluar ídolos o afectos del corazón que podrían hundirte o desviarte. La sabiduría se forja en humilde dependencia de Dios, mediante una constante formación bíblica, y se practica y aprende al lado de personas maduras, piadosas y fieles que podrán constantemente dirigir tus ojos hacia Cristo y los tesoros de la eternidad.

---

11. *Ibíd.*, pp. 142-143.

14

Hombre sabio como esposo

DAVID GONZÁLEZ

Durante los meses previos a mi boda, tuve la oportunidad de recibir multitud de consejos. Algunos de ellos sin pedirlos, pero todos con el buen propósito de emprender sabiamente el camino matrimonial. «Sé comunicativo, sé flexible, sé comprensivo, sé romántico», fueron algunos de los más frecuentes. Por desdicha, el que debería haber oído varias veces estuvo ausente: sé bíblico. Todas aquellas recomendaciones eran sanas y acertadas. Cualquier mujer reconocería el valor de tener un marido comunicativo, flexible, comprensivo y romántico. Sin embargo, si algo que por excelencia debía y debe modelar mi rol como esposo es la Biblia.

Los consejos que el hombre pueda darte retocarán tu comportamiento, pero no te harán un hombre sabio. Con las advertencias humanas, tendrás algunas ideas de cómo agradar a tu esposa y mejorar tu relación matrimonial, pero no cumplirás sabiamente tu rol marital, ya que es Dios quien define cómo ser un esposo sabio. Ten presente también que la verdadera sabiduría no consiste en hacer aquello que agrada a tu esposa, sino en hacer aquello que agrada a Dios. La Biblia dice que los sabios guardan la sabiduría (Pr. 10:14) y que «el temor del SEÑOR es el principio de la sabiduría» (Pr. 1:7). Por tanto, el esposo sabio es aquel que vive en el temor del Señor, conociendo y obedeciendo su Palabra. Es aquel que entiende su papel como marido y se esfuerza en ello por la gracia de Dios. Este hombre dejará a un lado las perspectivas socioculturales y se enfocará en llevar a cabo una masculinidad bíblica: ser un cónyuge como Dios lo ha diseñado.

El rol de un esposo sabio

Si queremos ser esposos sabios en una sociedad feminista donde se promueve la igualdad de género y el empoderamiento de la mujer, debemos recordar que la Palabra de Dios afirma con claridad que el marido es cabeza de la mujer. El apóstol Pablo instruyó a los corintios diciendo: «Pero quiero que sepan que la cabeza de todo hombre es Cristo, y la cabeza de la mujer es el hombre, y la cabeza de Cristo es Dios» (1 Co. 11:3). El término «cabeza» indica autoridad. Así como Cristo es cabeza de todo varón, el varón lo es de su esposa. Pablo explica en este pasaje cuál es el orden de autoridad que Dios ha diseñado y del cual los ángeles son testigos (1 Co. 11:10). El orden creador de Dios estableció cuáles son los roles y propósitos del hombre y la mujer en el matrimonio (1 Co. 11:7-9; Gn. 2:21-24). El varón fue creado para guiar el hogar en sujeción a Dios. La mujer fue creada para ser ayuda idónea de su marido en sujeción a él.

El apóstol Pablo, escribiendo a los efesios, afirma lo mismo al decir que «las mujeres *estén sometidas* a sus propios maridos como al Señor. Porque el marido es cabeza de la mujer, así como Cristo es cabeza de la iglesia, *siendo* Él mismo el Salvador del cuerpo» (Ef. 5:22-23). La expresión «estén sometidas» o sujetas significa subordinación bajo uno en autoridad, así como la Iglesia está sujeta a Cristo (Ef. 5:24). Por tanto, «cabeza» no se refiere a origen o fuente, sino a autoridad, como también observamos en Efesios 1:22 («y todo lo sometió bajo Sus pies, y a Él lo dio por cabeza sobre todas las cosas a la iglesia»).[1] Este diseño de roles para el matrimonio no son construcciones sociales impuestas por el apóstol o por la cultura del primer siglo.[2] Estos roles tienen su fundamento en la creación de Dios y la relación inmutable de Cristo y su Iglesia.

Ahora bien, ser cabeza de la mujer no implica superioridad ni dominación. La mujer no es inferior al hombre, ni el hombre es superior a la mujer. Ambos fueron creados a imagen y semejanza de Dios (Gn. 1:27). Ambos son iguales en dignidad y valor, pero fueron creados con propósitos y roles diferentes. Así también, Cristo no es inferior a Dios Padre ni es de menor valor, pero se sujeta a Él en esa perfecta relación de autoridad y subordinación funcional entre Dios Padre y Dios Hijo (1 Co. 15:28). Por tanto, el esposo sabio entiende su papel como cabeza, pero no lo impone. Mientras que a la mujer se la exhorta a sujetarse a su propio marido como al Señor (Ef. 5:22; Col. 3:18), al hombre nunca se lo exhorta a ser cabeza.

Lo anterior, bien entendido, llevará a comprender que habla de guiar, no de ser autoritario. El autoritarismo es la expresión de un corazón pecaminoso y rebelde a Dios (Gn. 3:16). La sabiduría divina radica en comprender cuál es nuestro rol como esposos.

La acción de un esposo sabio

Erróneamente, algunos hombres piensan que su rol les da licencia para tener actitudes dictatoriales frente a su esposa, exigencias sin ton ni son, las cuales son caprichos o imposiciones. La masculinidad bíblica nada tiene que ver con eso. No se trata de que todo

---

1. Wayne Grudem examinó el significado del término «cabeza» (κεφαλή) en más de 2300 ejemplos de la literatura griega y llegó a la conclusión de que ni una sola vez tiene el significado de «fuente sin autoridad». Wayne Grudem, «Does *Kephale* ('Head') Mean 'Source' or 'Authority Over' in Greek Literature? A Survey of 2,336 Examples», *Trinity Journal 6 NS* (primavera de 1985), pp. 38-59.

2. La Organización Mundial de la Salud (OMS) sostiene que «los roles de género son construcciones sociales». OMS, «Género y salud», Organización Mundial de la Salud, consultado el 24 de noviembre de 2022, https://www.who.int/es/news-room/fact-sheets/detail/gender.

gire en torno a nuestros propios deseos o ambiciones, o pensar que somos la única voz importante para la toma de decisiones. La designación divina del rol del hombre como cabeza de la mujer no describe nuestros derechos, sino nuestra responsabilidad ante Dios. No se trata de poder, sino de deber. El esposo sabio actúa como cabeza, proveyendo guía y protección.

En primer lugar, la responsabilidad del esposo consiste en guiar y liderar según Cristo. Esta dirección es impulsada por la obra del Espíritu Santo en la vida del creyente (Ef. 5:18) y está motivada por la búsqueda del bienestar físico y espiritual de nuestra esposa. Se trata de un liderazgo que toma la iniciativa y asume el compromiso. Es responsable y no espera que sea ella quien solucione los problemas. Es resolutivo, y no contencioso. Su objetivo es mucho más alto que simplemente llevarse bien. El esposo sabio busca la santificación de su esposa y su crecimiento espiritual por medio del conocimiento de la Palabra. Discierne lo que la purifica y aparta sus pies de aquello que la contamina (Ef. 5:27). No la expone al mal, sino que es cuidadoso con lo que ven, hacen o permiten en su hogar. Hace todo lo posible para mantener su santidad. Y, por tanto, no elude su deber de tomar buenas decisiones, incluyendo el consenso y teniendo la disposición de admitir los errores y corregir lo necesario.

Además, el liderazgo de un esposo sabio se caracteriza por honrar a su cónyuge (1 P. 3:7). Reconoce que su valor supera en mucho al de las joyas (Pr. 31:10) y su corazón está en ella confiado (Pr. 31:11). No la devalúa ni la desatiende, sino que la alaba y la trata con honor, delicadeza y respeto (Pr. 31:28). Alexander Strauch concluye: «La mujer debe ser amada y honrada, no usada y descuidada».[3] La responsabilidad de cabeza no le da derecho a ser rudo y áspero con ella (Col. 3:19). No ha de hablarle con impaciencia o desconsideración. Por tanto, el liderazgo de un

3. Alexander Strauch, *Hombres y mujeres: Iguales pero diferentes* (Puebla, México: Ediciones Las Américas, 2002), p. 76.

esposo sabio «no es un yugo sobre ella, sino un gozo sobre el cual reposar».[4]

En segundo lugar, la responsabilidad del esposo también consiste en proteger y sustentar según Cristo. Así como Él es el salvador del cuerpo (la Iglesia), el marido es el protector de su esposa (Ef. 5:23). Es quien debe proveerle ayuda y auxilio para su beneficio. Tal protección comprende lo emocional y conlleva el trabajo de proveer financieramente para el hogar, de manera que ella pueda cumplir con fidelidad sus funciones de esposa y madre, según Tito 2. Como maridos debemos sustentar y cuidar a nuestra esposa (Ef. 5:29) proveyendo lo que sea bueno y necesario para el hogar.

Este sustento no es exclusivamente material, sino también espiritual. El esposo sabio cumple su responsabilidad de facilitar a su esposa y a su familia una sana enseñanza de la Palabra. Procura y se esfuerza por mantener la comunión con otros creyentes en un entorno eclesial bíblico, bajo el pastoreo de ancianos calificados. Pero, además, el marido sabio se interesa en conocer las Escrituras y estar capacitado para dar respuesta como líder espiritual de su familia (1 Co. 14:35). Por el contrario, el insensato descuida su responsabilidad y permite que su esposa dependa de las respuestas de otros.

Además, el cuidado de un esposo sabio se muestra en su aprecio y ternura para con su cónyuge. Está dispuesto a consolar y arropar a su esposa en todo tiempo, como lo hace una madre con sus propios hijos (1 Ts. 2:7). No impone su autoridad, sino que es tierno y cuidadoso, proveyendo un entorno seguro y confortable para su familia. La sabiduría del esposo consiste en ejercer su rol como cabeza de su esposa proveyendo guía, protección, sustento y cuidado, como Cristo a su Iglesia.

4. Chris Mueller, *Let the Men Be Men: God's Design for Manhood and Marriage* (Irvine, CA: Three Sixteen Publishing, 2022), p. 43.

El requisito de un esposo sabio

Todo lo dicho hasta ahora sería imposible de llevar a cabo si no fuera por la obra interna del Espíritu Santo. La función del esposo como cabeza de su mujer jamás será sabiamente ejercida si no es por medio del Espíritu Santo, quien produce el amor de Dios en los creyentes. Como dice el apóstol Pablo, «el amor de Dios ha sido derramado en nuestros corazones por medio del Espíritu Santo que nos fue dado» (Ro. 5:5). Para poder ser un esposo sabio, es imprescindible haber sido salvo por la gracia de Dios mediante la fe en el Señor Jesucristo, quien murió por nuestros pecados y resucitó al tercer día conforme a las Escrituras (Ef. 2:8; 1 Co. 15:1-4). Solo así Dios nos da el Espíritu Santo para guiarnos, asistirnos y producir su fruto en nosotros (Ef. 1:13; Gá. 5:16-24). Su fruto es la llave para una masculinidad sabia.

El amor es una característica del esposo sabio. Sin amor no es posible ser un marido que agrada a Dios. El apóstol Pablo exhorta: «Maridos, amen a sus mujeres» (Ef. 5:25). Este imperativo divino es el requisito de nuestra autoridad como cabeza. No es una opción o una sugerencia. Es una obligación si queremos ser esposos sabios. Howard Hendricks escribió: «El esposo debe ser la cabeza del hogar y también el corazón del hogar. Al ser la cabeza provee autoridad, al ser el corazón provee amor. Lo uno sin lo otro acarrea desequilibrio».[5] El amor es requisito. Debemos amar a nuestra esposa «como Cristo amó a la iglesia y se dio Él mismo por ella» (Ef. 5:25). Cristo es nuestro ejemplo y modelo de un amor sacrificial, incondicional y exclusivo.

En primer lugar, Él nos amó sacrificialmente, se entregó a sí mismo por nosotros, dio su vida para nuestro beneficio. De la misma manera, amamos sabiamente a nuestra esposa cuando estamos dispuestos a sacrificar preferencias, tiempo, ocio o pasa-

5. Howard G. Hendricks, *El cielo puede ayudar* (Puebla, México: Ediciones Las Américas, 1973), p. 34.

tiempos, para servir sus necesidades y beneficio. Como el ministro Richard Phillips lo resume:

> Es fácil para los hombres pensar en morir dramática y sangrientamente por nuestras esposas en algún gran gesto. Pero lo que Pablo tiene en mente específicamente es que los esposos vivan sacrificialmente por sus esposas. Esto significa morir al interés propio para anteponer las necesidades de ella por encima de las propias.[6]

En otras palabras, morimos a nosotros mismos y vivimos para nuestra esposa.

Además, Cristo nos amó incondicionalmente. No esperó recibir nada a cambio. No lo hizo para obtener algo de nosotros o porque se sentía mejor a nuestro lado. Nos amó sin condiciones y a pesar de lo que éramos (Ro. 5:8). De la misma manera, amamos sabiamente a nuestra esposa cuando no ponemos condiciones ni tenemos dobles intenciones. No esperamos a recibir su amor para darle el nuestro a cambio. No la amamos por lo que hace, sino porque es nuestra esposa.

En tercer lugar, Cristo nos amó exclusivamente. Su amor es exclusivo. No lo comparte con nadie más. Efesios 5:26 dice que Cristo amó a la Iglesia y se entregó por ella «para santificarla», es decir, para apartarla para sí mismo en exclusividad. Tiene un propósito para ella y lo cumplirá según su promesa siendo fiel a ella. De la misma manera, amamos sabiamente a nuestra esposa cuando tenemos ojos solo para ella, como un tesoro escogido y apartado para nosotros. Nos dedicamos a ella, siendo fieles a nuestro pacto (Gn. 2:24), y encontramos en ella nuestra plena satisfacción en todo tiempo (Pr. 5:18-19). El requisito del amor es ineludible para ser un esposo sabio. Así como Cristo y la

---

6. Richard D. Phillips, *El mandato masculino: el llamado de Dios para los hombres* (Medellín, Colombia: Poiema Publicaciones, 2021), p. 101.

Iglesia, una esposa no es amada porque es hermosa, sino que es hermosa porque es amada.

Conclusión

Dios ha establecido y definido cuál ha de ser nuestro rol como esposos. Ahora la sabiduría consiste en llevar a cabo dicho papel por la gracia de Dios. No dejemos que la sociedad moldee nuestro pensamiento y modele nuestros matrimonios (Ro. 12:2). Cuando torcemos y distorsionamos los roles del hombre y la mujer, estamos atentando contra el evangelio de Cristo, porque Él puso la relación matrimonial como reflejo de Cristo y su Iglesia (Ef. 5:24-25). Dios creó al hombre para guiar y proteger a su esposa, sustentándola y cuidándola por medio de un amor sacrificial, incondicional y exclusivo, que honra a Cristo y da gloria a Dios. Seamos esposos sabios por la gracia de Dios.

15

Hombre sabio como padre

ADRIÁN SEBASTIÁN WINKLER

Sin duda, saber que me iba a convertir en padre fue uno de los hechos más trascendentales de mi vida. Produjo en mí varias cosas, pero si tuviera que elegir una de las sensaciones que experimenté ese día, y que aún me suele acompañar, es la de un sobrecogedor temor. De alguna forma, la idea de que a partir de ese momento yo era responsable de alguien más, de alguien que me necesitaba, de alguien que dependía de mí, me impactó sobremanera.

Ser padre es un regalo precioso de Dios para mi vida (y la de mi esposa). No hay un día en el que no agradezca al Señor por mis dos hijas. Pero tampoco hay un día en el que no piense: *¿Estoy siendo el padre que ellas necesitan? ¿Estoy siendo el padre que Dios quiere que sea?*

Como hemos visto, ser sabios guarda una relación profunda con conocer los principios de Dios para la vida, con vivir de forma que a Él le agrade y, sobre todo, con tomar buenas decisiones. Precisamente por esto último, me gustaría compartirte una serie de resoluciones (sí, al estilo de las del conocido pastor puritano

Jonathan Edwards)[1] que son propias de un hombre sabio en su rol de padre.

Un padre sabio busca ser guiado por Dios

Parece bastante obvio, pero sigue siendo necesario recordar que la Palabra de Dios es suficiente para guiarnos en todos los aspectos de la vida y, sin duda, lo es con respecto a la paternidad. La forma en la que los padres crían a sus hijos cambia con el tiempo. Hoy se pone de moda un método, mañana otro. En la televisión y en las librerías, abundan los expertos que ofrecen mágicas soluciones para la crianza. Pero un hombre sabio sabe que la guía que él necesita se encuentra en Dios y su Palabra. Los principios que Dios nos ha dado para ser padres conforme a su propósito pueden lucir diferentes en distintos contextos y épocas, pero siguen siendo los mismos. Así que, si somos sabios, sabremos que necesitamos ayuda en una tarea de tan grande magnitud, y sabremos también que esa guía se encuentra primeramente en la Palabra de Dios.

Indudablemente, Dios puede ayudarnos y guiarnos a ser padres sabios también por medio de hermanos piadosos y con mayor experiencia. Al reconocer el valor de la ayuda de otros, podremos recurrir al consejo de otros padres de nuestra congregación en los que veamos que han sabido pastorear a sus hijos con sabiduría. Y, naturalmente, debemos agradecer a Dios por la existencia de muy buenos libros que nos ayudan a entender lo que la Biblia enseña acerca de cómo ser buenos padres. Uno de los primeros libros que adquirí sobre este tema es *Cómo ser padres cristianos exitosos*, del pastor MacArthur,[2] y sigue siendo una lectura que visito cada tanto.

En resumen, debemos primero leer y escudriñar las Escritu-

---

1. Véase Jonathan Edwards, *Jonathan Edwards' Resolutions and Advice to Young Converts*, editado por Stephen J. Nichols (Phillipsburg, NJ: P&R Publising, 2001).

2. John MacArthur, *Cómo ser padres cristianos exitosos* (Grand Rapids: Editorial Portavoz, 2016).

ras en busca del consejo de Dios para cuidar y edificar a nuestra familia. Además, debemos hablar con hermanos que ya han recorrido el camino que estamos recorriendo con la guía y la ayuda del Señor. Por último, debemos buscar y leer buenos libros. Hacer esto es una señal de que no estamos tomando a la ligera la responsabilidad que Dios nos ha dado.

Un padre sabio transmite a sus hijos un alto concepto de Dios

¿Qué quiero para mis hijas? ¿Tal vez que cuando crezcan formen un buen matrimonio o que tengan una carrera universitaria? Bueno, si soy honesto, sí, sería feliz al verlas logrando esas cosas. Sin embargo, mi oración más ferviente es que ellas conozcan, amen y sirvan a Dios.

El mandamiento supremo es amar a Dios con todo nuestro corazón, toda nuestra alma y todas nuestras fuerzas. Y ese mandamiento es para que lo obedezcamos, pero también para que enseñemos a nuestros hijos a seguirlo (Dt. 6:1-9). Somos llamados a amar a Dios y a pasar este legado a la siguiente generación. Somos llamados a enseñarles eso mismo a nuestros hijos. Debemos enseñarles a conocer y amar a Dios.

El Dios que nuestros hijos necesitan conocer es el Dios de la Biblia, el Dios santo. Ellos no necesitan una imagen ingenua y bonachona de Dios. Necesitan conocer a Dios en la plenitud de sus atributos. Por lo tanto, leamos la Biblia con nuestros hijos y enseñémosles a ver a Dios detrás de cada historia y cada promesa. Enseñémosles a ver a Dios en cada detalle de la creación también. Que Él sea una presencia real en sus vidas y no un simple concepto.

Al compartir las Escrituras con ellos, enseñémosles a ver cómo Dios se muestra y se revela a sí mismo. En cada pasaje, permitamos que se asomen a la grandeza y majestad de Dios. Que conozcan su poder en la creación. Que conozcan su santidad y su aborrecimiento del pecado en el diluvio y en Sodoma y Gomorra. Que conozcan su juicio a la idolatría en la historia de Israel. Que conozcan su inconmovible amor pactual. Que conozcan su amor y misericordia en el Hijo encarnado. Que verdaderamente conozcan a Cristo. Y que, al conocerlo, tengan vida en Él (Jn. 17:3) y que entonces puedan amarlo. Una evidencia de que estás aprendiendo a ser un padre sabio es que siempre guiarás a tus hijos a mirar (y admirar) la grandeza de Dios.

Un padre sabio ayuda a sus hijos a conocerse a sí mismos y su mayor necesidad

Si nuestros hijos van a anhelar conocer a Dios, amarlo y seguirlo, primero van a experimentar el conocimiento de su condición y su necesidad. Miramos la cruz de Cristo solo si el Espíritu de Dios nos ayuda a ver primero nuestra condición de pecado. Cuando tenemos conciencia de nuestra debilidad, somos impulsados a mirar en dirección de Aquel que puede rescatarnos.

Tus hijos necesitan tomar conciencia de que son pecadores y de que su destino eterno, lejos de Dios, es la muerte y la condenación. Tus hijos necesitan saber que su única esperanza es Cristo. Y, por ende, cada vez que su pecado asome en un berrinche, en un enojo, en una mala respuesta, en una actitud negativa o en una pelea con sus hermanos, tienes la oportunidad de hacerles ver su condición y su inclinación natural al pecado.

Tus hijos saben lo que está bien y lo que está mal, y sin embargo, se ven a sí mismos haciendo el mal que no quieren (Ro. 7:19-20). En esos momentos, tienes la oportunidad de hacerles notar que el pecado que mora en ellos tiene una única solución: el evangelio de Jesús. Toma tu tiempo. Cada vez que el pecado aflore, lleva a tus hijos al evangelio. Háblales de Cristo, el único que puede perdonar sus pecados y rescatarlos de su poder.

Cuando nuestros hijos se equivocan, nuestra respuesta más intuitiva puede ser llamarles la atención, mostrarles su error, amonestarlos y quedarnos ahí. Eso es bueno y necesario. Ellos necesitan saber que lo que está mal, está mal, y debe ser corregido y castigado. Pero vayamos más allá, usando esas circunstancias para mostrarles su problema mayor (el pecado) y su necesidad mayor (Jesús, el Cordero de Dios que nos limpia de pecado). Como lo dice Tedd Tripp, en su libro *Cómo pastorear el corazón de tu hijo*:

> Enfoca la corrección en cosas más profundas que en el cambio de conducta, porque el centro de la confrontación es lo que está ocurriendo en el corazón. Su propósito es desenmascarar el pecado del niño, ayudándole a comprender cómo refleja un corazón que se ha desviado. Esto le lleva a la cruz de Cristo.[3]

No te quedes en la superficie. El problema de tus hijos está en el mismo lugar que tu problema: en lo profundo del corazón, en una naturaleza que ha caído. Y ellos necesitan entender que requieren mucho más que aprender a portarse bien —necesitan que sus corazones sean limpiados y transformados—. El Espíritu del Señor les hará anhelar un corazón nuevo y limpio, pero antes les hará ver que el que tienen no lo está. Y nosotros, como padres, debemos ser instrumentos para eso. Una evidencia de que estás aprendiendo a ser un padre sabio es que aprovecharás cada oportunidad que tengas para mostrar a tus hijos que son pecadores que necesitan el evangelio de Cristo.

Un padre sabio brinda a sus hijos una imagen honesta de él mismo como padre

Si como padres anhelamos que nuestros hijos amen y sirvan al Señor, ellos precisan entender su necesidad de Cristo y del evangelio. Una de las mejores formas en las que pueden reconocer esta necesidad es viendo que nosotros dependemos de la gracia de Dios. No estamos llamados a mostrarnos como superhéroes carentes de error. Nuestra relación con nuestros hijos debe pasar siempre por la honestidad. Que ellos puedan ver en nosotros el

---

3. Tedd Tripp, *Cómo pastorear el corazón de tu hijo* (Medellín, Colombia: Poiema Publicaciones, 2016), p. 6.

reconocimiento de nuestras limitaciones, de nuestros pecados y nuestra dependencia de Cristo y del evangelio.

Debemos considerar, por un lado, que somos los modelos que nuestros hijos miran. Por lo tanto, ellos necesitan ver a Cristo en nosotros. Necesitan ver que caminamos con Cristo. Necesitan vernos estudiar la Palabra, en oración, siendo parte de la iglesia local, en el servicio unos a otros. Ten por seguro que nuestros hijos van a mirar nuestro caminar.

A veces pensamos que ser padre tiene que ver exclusivamente con saber dar buenos consejos a nuestros hijos, saber hablarles. Muchas veces me encuentro con padres que, ante problemas de conducta de sus hijos, me dicen: «Yo ya le(s) hablé». El asunto es que nuestras palabras carecen de autoridad si no vivimos lo que decimos. No podemos ignorar la importancia de ser ejemplos para ellos.

Una evidencia de que estás aprendiendo a ser un padre sabio es que tomas decisiones y actúas recordando que eres observado, y que tus hijos van a verte como un ejemplo: querrán ser como eres, o todo lo contrario. Ahora bien, esto no implica —como ya dijimos— que ellos necesiten un padre que les brinde una imagen perfecta. A corto o largo plazo, nuestros hijos verán nuestro verdadero yo. Ellos nos conocen mucho mejor que la mayoría de las demás personas. Ellos ven nuestro pecado todos los días.

¿Y qué hacemos entonces? Lo peor que podríamos hacer es tratar de mostrar una imagen que no es verdadera. Nuestros hijos necesitan ver honestidad en nosotros. Necesitan ver que cuando caemos, no buscamos proteger nuestra reputación ni buscamos excusas, sino todo lo contrario. Necesitan vernos reconocer nuestras faltas, necesitan vernos pedir perdón a quien hayamos lastimado y necesitan ver que tratamos de reparar el daño que hemos causado. Una de las mejores formas en las que reflejamos el evangelio a nuestros hijos es permitirles que se asomen a nuestra propia necesidad de Cristo y que nos vean mirar a la cruz todo el tiempo. Si nuestros ojos están puestos en Cristo, dirigiremos la mirada de nuestros hijos también hacia Él. Una evidencia de que estás aprendiendo a ser un padre sabio es que, al reconocer tu necesidad de Cristo, les enseñas a tus hijos que esa es también su necesidad.

Un padre sabio es intencional en llevar a sus hijos a Cristo

No podemos pensar que nuestros hijos terminarán siendo hijos de Dios simplemente porque los llevamos a la iglesia. Seríamos necios si pensáramos eso. Y, aunque la salvación de nuestros hijos (como la nuestra) depende exclusivamente de la gracia de Dios, la Palabra nos enseña que es nuestro deber como padres instruir a nuestros hijos en los caminos de Dios (véase Pr. 22:6; Ef. 6:4). En todo lo que hagamos como padres —en relación con la crianza de nuestros hijos—, debemos ser sabios. Debemos tomar las decisiones correctas, guiados por la Palabra de Dios. Debemos ser muy intencionales.

Tal vez a este punto te preguntes cómo deberías enseñar la Palabra de Dios a tus hijos. Bueno, es necesario que estos momentos sean planificados. Cada hogar es un mundo, pero cada hogar cristiano necesita un espacio y un tiempo para centrarse en la Palabra. En algunos hogares será el miércoles; en otros, el lunes. En algunos casos en el desayuno; en otros, en la cena. Lo cierto es que es necesario reunirnos con nuestros hijos alrededor de la Palabra, y eso no sucederá si no somos intencionales.

Lo mismo podemos decir con respecto a la oración y a la comunión con la iglesia. Un hombre sabio pondrá en orden su hogar teniendo como prioridad a Dios. Un hombre sabio pondrá orden en los tiempos, favorecerá los espacios y establecerá prioridades. A fin de que un hogar esté edificado sobre la roca en todos los ámbitos de la vida, necesitas procurarlo de manera consciente y consistente.

Conclusión

Algunos de los aspectos que mencioné en este capítulo los he ido incorporando en mi propia vida como padre, pero debo confesar que otros no. He dejado proyectos e iniciativas inconclusas, me he preocupado más por mi reputación que por la honestidad, y me he limitado a la reprimenda superficial.

Y la verdad es que, al ver mis errores diarios como padre, necesito acudir siempre a la gracia del Padre amoroso que me espera con brazos abiertos. Hermano, vamos a fallar, a equivocarnos, pero nuestro deber sigue ahí. Levantémonos, pidamos perdón si es necesario, arrepintámonos de no haber hecho lo correcto o suficiente, y busquemos ser padres sabios que honren a Dios cuidando de sus familias.

16

Hombre sabio en el trabajo

RUDY ORDOÑEZ

Hasta aquí, se han sentado las bases para entender que el conocimiento por sí solo no es sabiduría, sino que debe ser aplicado de forma correcta para ser considerado como tal. De igual modo, hemos visto cómo la sabiduría puede ser clasificada como humana y divina, en donde la última —la divina—, es el reflejo de la gloria de Dios: Cristo. Es a esa sabiduría a la que todo creyente debe aspirar, la que todo hijo de Dios debe desear desde lo más profundo de su ser.

Cristo, la sabiduría de Dios,[1] moldeará nuestras mentes (y corazones) para que cada día demos más gloria a nuestro Señor, tengamos más gozo y mayor deleite en Él. Lo anterior significa que cada aspecto de nuestro diario vivir se verá impactado positivamente, mientras más queramos esa sabiduría de Dios. Desear más de Cristo nos llevará a tener vidas que sean ejemplo a otros.

Y es que, precisamente en cualquier lugar que nos encontremos, habrá otros que estarán viéndonos, analizando si nuestro actuar es conforme con nuestro hablar, si es acorde con nuestra

1. Para un tratamiento completo acerca de este tema, véase el capítulo 4: «Cristo, la sabiduría de Dios», de Heber Torres.

fe. El escrutinio es algo continuo. Un lugar donde otros están o estarán observándonos es en el trabajo.

Sin embargo, antes de seguir, quiero dejar claro que si tú, querido lector, no tienes un trabajo formal, entonces, el lugar en donde día a día te desenvuelves debe ser considerado con el mismo peso de un trabajo. Es decir, si eres estudiante en casa o en la universidad, ese es tu sitio laboral. Si estás en busca de empleo, donde quiera que andes en esa búsqueda, ese es tu sitio laboral. Si ayudas en tu hogar, ese es tu sitio laboral. De modo que lo que a continuación diré se aplica a ti, que trabajas en una oficina, en un taller, en una panadería, en la iglesia, si eres estudiante o si estás en búsqueda de empleo.

Si la sabiduría de Dios —Cristo—, por el poder del Espíritu Santo, nos lleva cada día a renovar nuestra mente al crecer en el conocimiento de Él, nuestro trabajo debe ser un lugar donde reflejemos ese crecimiento, esa sabiduría aplicada a la vida. Lo interesante de esto es que, incluso los no creyentes, ya sean ateos, musulmanes, budistas u otros, estarán de acuerdo en que la sabiduría cristiana es de beneficio. Pero hay una diferencia: ellos no tienen nada ni nadie que los motive a vivir según la semejanza de Cristo. Sin embargo, nosotros, los nacidos de nuevo, sí tenemos la orden de parte de Dios de crecer en sabiduría.

Mi objetivo en este capítulo es que veamos algunas formas en las que la sabiduría de Dios —Cristo— debe verse moldeada en nosotros mientras estamos en nuestros trabajos. Con esto en mente, presentaré algunas aplicaciones que no serán exhaustivas, sino que deben ser consideradas como ejemplos. Teniéndolas en cuenta, pide a Dios que te dé sabiduría para aplicar estos modelos a otros principios bíblicos en diversas circunstancias laborales.

Hablar con honestidad

Los trabajos son sitios perfectos para mentir, para tener temor a perder el empleo, para recibir la burla de los compañeros o para no lograr las expectativas de los jefes, entre muchas otras cosas. Las anteriores son armas satánicas para que nuestro pecado se muestre, por ejemplo, en no decir la verdad. Recuerdo a un amigo de la iglesia que hace poco me comentó que su jefe le dijo que valoraba mucho su honestidad, pero que le pedía que no fuera tan honesto, que en ocasiones era bueno «maquillar» un poco la verdad (lo cual es mentir), a fin de no quedar mal ante los demás.

¿Acaso esto no va contra las enseñanzas de nuestro Dios? En Mateo 5:37, se nos instruye que nuestro sí sea sí, y que nuestro no sea no. Además, el Señor indica que quien le teme será alguien «*que aun* jurando en perjuicio propio, no cambia» (Sal. 15:4). El creyente está llamado a ser la persona más honesta de la oficina, aunque eso le traiga problemas.

Es muy fácil querer quedar bien con los jefes u otros compañeros, por lo que llegar a comprometerse en tiempos o esfuerzos inalcanzables puede darse con mucha facilidad. El sabor de la gloria laboral puede llevar a decir «sí», cuando en verdad se debía decir «no», o «no», cuando la respuesta adecuada era «sí». El deseo de tener éxito o el temor al fracaso puede hacernos mentir con facilidad.

¿Dónde reside esta falta de honestidad? En el temor y en el olvido. En cuanto al primero, se trata de temor de lo que el ser humano puede llegar a hacernos, temor de no ser reconocidos, temor de no ser respetados. Pero también el olvido juega una parte fundamental: olvidar quién es Cristo y olvidar que Él nos sustenta en todo momento. Parece que a menudo suele borrarse de nuestras mentes que si nuestro Dios trino cuida de cinco pajarillos que se venden por dos monedas, también cuida de nosotros que, según Él lo indica, tenemos más valor ante sus ojos (Lc. 12:6-7).

Entonces, es de hombres sabios ser honestos en el trabajo. No es excusa el temor ni el olvido. Es de hombres que aman a Cristo por sobre todas las cosas hablar con la verdad, aunque eso detenga el ascenso que siempre hemos soñado.

Negocios íntegros

Ninguna empresa nace con el objetivo de no ganar, pero a veces ganar se vuelve una obsesión; en otras palabras, se rompe cualquier norma ética para generar utilidades. Y los buenos empleados —esos que se identifican con la empresa— suelen caer en las mismas prácticas no éticas para el beneficio de la institución. Sí, eso puede suceder también con los empleados que son creyentes, esos que cada domingo se reúnen junto a otros creyentes para exaltar las maravillas de nuestro Dios.

Es bueno recordar frecuentemente la ética comercial que el Señor nos ha mandado en su Palabra. Por ejemplo, Proverbios 20:23 nos dice que «pesas desiguales son abominación al Señor, y no está bien *usar* una balanza falsa». Este versículo surgió en medio de una comunidad agrícola. En ese entonces, la venta de granos era la manera de hacer negocios. Pero hay un principio implícito en este proverbio, el cual nos indica que los hijos de Dios debemos hacer negocios en integridad, alejados de prácticas mundanas y diabólicas. Sé que esto puede ser muy difícil para algunos que están en puestos en los que dependen de su labor en ventas o servicio al cliente, para asegurar un ingreso para sí o su familia. Pero también sé que la falta de integridad surge también de olvidar quién es el proveedor del creyente.

Es bueno leer con frecuencia las genealogías de Cristo en Mateo 1:1-17 y Lucas 3:23-38, porque en ellas vemos que una promesa hecha por Dios muchos años atrás fue cumplida en el momento adecuado. Esto quiere decir que Él no olvida sus promesas. Y ha prometido proveer para suplir toda necesidad.

Pero no es solamente el olvido el que puede llevarnos a prácticas no íntegras al momento de hacer negocios, sino que también influyen la avaricia y la falta de contentamiento. Estos últimos son como hermanos gemelos: siempre tomados de la mano, yendo juntos a todo lugar. La avaricia es idolatría (Col. 3:5), y toda idolatría consiste en quitar a Cristo del trono de nuestro corazón. La falta de contentamiento es decirle a Dios que podemos ser felices fuera de Cristo, que Él se equivocó en decirnos que somos completos en Dios Hijo. ¿Lo puedes ver? La falta de integridad en los negocios tiene que ver con no amar a Cristo, la sabiduría de Dios.

Cuidado con las compañeras

No importa si estás soltero o casado, el Señor te manda vivir una sexualidad que le agrade. Si estás casado, es deleitándote con la mujer que amas (Ec. 9:9); si estás soltero, es viviendo en abstinencia, huyendo de la fornicación (1 Co. 6:18). Pero tal vez pase por tu cabeza decirme que no estás en adulterio o fornicación, y que, por lo tanto, esta sección no es para ti: ¡mucho cuidado! A continuación, mencionaré algunos ejemplos prácticos en los que podríamos pecar en contra del Señor.

La pureza sexual no es únicamente no tener relaciones sexuales. La sexualidad es algo amplio, por lo tanto, va más allá de la simple abstinencia. ¿Dónde quedarían, por ejemplo, esas conversaciones «picantes» que se pueden tener, especialmente, con esas compañeras de trabajo que parecen entendernos muy bien, que tienen una gran habilidad para escuchar a los demás y que parecen ser muy abiertas con su sexualidad?

Cuando el hombre está casado, por regla general, toda conversación sobre su sexualidad debe ser con su esposa. Solo con ella debe abrir su corazón. Obviamente, hay momentos en los que se necesita consejo, pero esa amiga del trabajo no es la mejor fuente de sabiduría. Un hombre maduro en la fe será un buen guía. Y justamente estos guías maduros en la fe y llenos de sabiduría son los que pueden orientar a los hombres solteros cuando hay dudas en estos temas.

Otro aspecto en el que deberíamos tener cuidado también son los halagos, tanto los que hacemos como los que recibimos. Por eso, se debe tener mucho cuidado con las palabras, ya que cosas que decimos pueden convertirse en una puerta al adulterio o la fornicación. También, los oídos deben ser cuidados: buscar esa voz halagadora —que no es la esposa— puede comenzar a cavar un agujero del que no se podrá salir.

También, ¡cuántos negocios o trabajos se cierran en un almuerzo! Muchas veces resultan muy prácticos. Pero si estás casado, un hombre sabio buscará las formas de evitar estar a solas con una mujer que no es su esposa. Y si estás soltero, deberás tener mucho cuidado de con quién estás a solas y de qué manera lo estás. En resumen, cuando Cristo moldea la mente del hombre renovado, este comienza a ser sabio y comprende la buena manera en la que debe relacionarse con sus compañeras de trabajo.

Hacer un buen trabajo

En cuanto a la necesidad de hacer un trabajo con excelencia, no hay mejor resumen que el de Pablo:

> Siervos, obedezcan en todo a sus amos en la tierra, no para ser vistos, como los que quieren agradar a los hombres, sino con sinceridad de corazón, temiendo al Señor. Todo lo que hagan, háganlo de corazón, como para el Señor y no para los hombres, sabiendo que del Señor recibirán la recompensa de la herencia. Es a Cristo el Señor a quien sirven (Col. 3:22-24).

Un hombre sabio comprende que es su responsabilidad trabajar de buena gana y con excelencia para sus jefes. Por lo tanto, da el ejemplo como alguien responsable. También sabe que toda la labor no es esencialmente para su jefe, sino para el Señor. Todo trabajo es hecho no para ser visto por el superior, sino para el ojo de Dios. ¡El estándar es aun más alto! Además, la sinceridad de corazón al esforzarse por cumplir con las tareas asignadas serán un distintivo del hombre sabio, ese creyente que es transformado a la medida de la estatura de la plenitud de Cristo (Ef. 4:13).

Hombre, recuerda que en tu trabajo estás sirviendo, primeramente, a Cristo. Entonces, incluso robar tiempo de trabajo es necedad, no sabiduría. Lo mismo sucede con tomar los recursos de la oficina para uso personal: es necedad (y robo) en lugar de sabiduría (o viveza), y así sucesivamente. Sé ejemplo en tu trabajo y vive para Aquel que te creó, hagas lo que hagas en esta vida.

Adoración a Dios

Un hombre sabio sabe que debe haber equilibrio en su vida. Esto implica tener tiempo para un trabajo esforzado, pero también tener tiempo para la adoración al Señor, tanto corporativa, como familiar y personal. Si no tienes tiempo para dar culto al Señor debido a tu trabajo, puede ser por dos razones: primero, en verdad no amas al Señor y debes arrepentirte, o segundo, quizá estás en el trabajo incorrecto y debes buscar otro.

Administra tu tiempo de forma correcta, de modo que la adoración a Dios no falte en tu vida. Es esencial. Pero ten cuidado: recuerda el punto anterior de ser un buen empleado. Salir del trabajo en horas de oficina para orar no te hace un adorador de Dios, sino un irresponsable, y quizá te despidan por ello.

El Señor ha prescrito una forma para adorarlo, un día de reposo —el día del Señor—, junto a la familia de la fe. También, te ha llamado a guiar a tu familia en adoración. Sé valiente para defender estos tiempos de adoración al Señor. Sé que hay momentos en los que se debe trabajar un domingo, pero no permitas que esa sea la norma. Tú mismo debes evitar creer que serás un mejor empleado por ir a trabajar, mientras otros están en la iglesia. Y no compres la idea de que darás un ejemplo de trabajo duro a tus hijos u otras personas, porque en verdad, lo que estarás haciendo es dar un ejemplo de necedad, de falta de sabiduría, prefiriendo lo terrenal en lugar de lo celestial.

Conclusión

Hombre, sé sabio en tu trabajo. Lograrás esto únicamente bebiendo de la fuente de la sabiduría divina: Cristo. Cuando estás en el trabajo, eres embajador de Cristo también (2 Co. 5:20). Por lo tanto, ¿cómo estás representando a tu Señor? ¿Es acaso el Cristo que representas uno que es digno de seguir? ¿O estás trayendo mancha y blasfemia al nombre de Dios (Ro. 2:24)?

Si has estado siendo un mal representante de Dios, si no has respondido de forma correcta al llamado de santidad que te ha hecho el Señor, arrepiéntete, lamenta tu pecado y sujétate del perdón que tienes en Cristo. Pide al Espíritu Santo que te guíe a un arrepentimiento verdadero y que te dé la fuerza para hacer morir tus pecados cada día. Sé un hombre sabio que trabaja con esfuerzo, quiere agradar en todo a Dios y busca que el trabajo no sea obstáculo para hacer lo que Él te ha llamado a hacer.

17

Hombre sabio en la iglesia local

RICARDO DAGLIO

Si has leído los capítulos anteriores, seguramente ya eres consciente del significado, del fundamento bíblico y del valor histórico y práctico que tiene la sabiduría. El designio de Dios a lo largo de la historia, ordenado con su sabiduría eterna, nos revela un plan de redención que se desarrolla en toda la revelación divina. Él es el «único *y* sabio Dios» (Ro. 16:27), y ese plan de redención tuvo su forma final en la muerte y resurrección de Cristo, quien ha sido hecho para el pueblo de Dios «sabiduría de Dios» (1 Co. 1:30). El evangelio proclamado nos habla de «Cristo [que] *es* poder de Dios y sabiduría de Dios» (1 Co. 1:24); y es el evangelio el que dio nacimiento a «la iglesia de Dios, la cual Él compró con Su propia sangre» (Hch. 20:28).

Por lo tanto, la Iglesia es importante, así como lo es mi iglesia local y la tuya, y es importante ser hombres que se conducen con sabiduría en ellas. La Gran Comisión señala que la predicación de este evangelio continúa con la formación de discípulos que, en definitiva, seguirán el paso de una santificación progresiva para ser conformados a la imagen de Jesús (Mt. 28:19-20; Ro. 8:29). En la teología paulina, esto también se ve expresado como la formación de un hombre sabio. A los colosenses, Pablo les dice que anuncia a Cristo «amonestando a todos los hombres, y enseñando a todos los hombres con toda sabiduría, a fin de poder presentar a todo hombre perfecto en Cristo» (Col. 1:28).

La sabiduría, fruto de la santificación

De manera que el hombre en proceso de santificación en la iglesia local es aquel en quien la sabiduría práctica demuestra cómo Cristo se forma en su vida. Nos preguntamos entonces: ¿Cómo se ve reflejada esta sabiduría en un hombre en la iglesia local? La santificación es un proceso por el cual el Espíritu Santo opera principalmente por medio de la Palabra de Dios (Jn. 17:17), pero se ve reflejado de manera práctica en nuestra conducta en general: «¿Quién es sabio y entendido entre ustedes? Que muestre por su buena conducta sus obras en sabia mansedumbre» (Stg. 3:13).

Cada hombre cristiano es responsable de vivir y actuar con sabiduría. Debe escuchar con atención y conducirse conforme a todos aquellos principios y aspectos formativos que desarrollarán hábitos sabios en su vida. Lo anterior hará que contribuya al beneficio corporativo —la iglesia local—, para que «[crezcan] en todos *los aspectos* en Aquel que es la cabeza, *es decir*, Cristo» (Ef. 4:15).

El manual y el oxígeno de la sabiduría

El salmista dijo: «Tus mandamientos me hacen más sabio que mis enemigos, porque son míos para siempre» (Sal. 119:98). No sabemos qué clase de enemigos tenía el autor del salmo, pero lo que sí sabemos es que tenía el recurso para superarlos en sabiduría a fin de poder hacer frente a cualquier tipo de disputa. Sin duda, la Palabra de Dios era parte vital de su vida.

De la misma manera, el hombre sabio en la iglesia local será primariamente un hombre de la Palabra, que es el manual de la sabiduría. Faltaría espacio para aprender todo lo que las Escrituras nos enseñan sobre el tema, pero los hombres que no tienen el hábito de la lectura diaria y la meditación no podrán tomar decisiones sabias ni serán miembros «sabios para lo bueno e inocentes para lo malo» (Ro. 16:19; cp. Sal. 1; Jos. 1:8-9). Antes de definir los deberes de la nueva vida en Cristo, Pablo exhorta: «Que la palabra de Cristo habite en abundancia en ustedes, con toda sabiduría» (Col. 3:16). Ningún hombre podrá desempeñarse adecuadamente como miembro de una iglesia a menos que la abundancia de las Escrituras le enseñe cómo hacerlo. El hombre que garantiza su membresía saludable es aquel que imita a Cristo en su convicción de que «NO SOLO DE PAN VIVIRÁ EL HOMBRE, SINO DE TODA PALABRA QUE SALE DE LA BOCA DE DIOS» (Mt. 4:4).

Sin embargo, las Escrituras no se pueden disociar de una respuesta en oración, y por eso, el hombre sabio no dejará de orar para crecer en gracia. Si la oración es un hábito de devoción que honra a Dios, también es una salvaguarda contra la tentación. Es el medio que este hombre utilizará para tener victoria sobre el afán y la ansiedad, y por medio de la cual hará conocidas sus peticiones delante de Dios (Mr. 14:38; Fil. 4:6). De hecho, Santiago enseña que un hombre con falta de sabiduría puede hacer uso de la oración para solicitar un don tan precioso, especialmente en momentos de prueba o tentación (Stg. 1:5). La oración transformará al hombre que ama a su iglesia local, dándole estabilidad y madurez, porque tanto la Palabra como la oración conforman los dos sujetalibros de una vida cristiana sabia y saludable.

La sabiduría de la unidad

Cuando Jesús oró por los suyos, una de sus peticiones más destacadas fue por unidad (Jn. 17:11, 21-22). El hombre sabio en la iglesia local tendrá muy en cuenta esta verdad porque, de hecho, es una de las primeras características del andar cristiano, tal como lo declara Pablo estando preso en el Señor. A los efesios les dice que deben estar «esforzándose por preservar la unidad del Espíritu en el vínculo de la paz» (Ef. 4:3). Como se sabe bien, la exhortación del apóstol es a preservar la unidad, no a crearla; y la forma de hacer esto es viviendo en humildad, mansedumbre, paciencia y amor (Ef. 4:2). Pero también la unidad es preservada por una sólida convicción en la verdad de Cristo, la cual da estabilidad al cuerpo y evita que sea sacudido por las olas y llevado de aquí para allá por todo viento de doctrina (Ef. 4:14).

¿Quieres ser un hombre sabio en tu iglesia local? Entonces tienes que velar por este aspecto que llenó el corazón de nuestro Señor a pocas horas de morir en la cruz. En el mismo contexto de la exhortación de Pablo, el Espíritu Santo destaca que los hombres que han oído a Cristo en verdad se encuentran permanentemente despojándose del viejo hombre y revistiéndose del nuevo (Ef. 4:22-24). Este proceso continuo no es filosófico, sino práctico. Un ejemplo concreto que Pablo brinda es el mal uso de la lengua. Debemos caracterizarnos activamente por dejar la falsedad o mentira y hablar la verdad, porque formamos parte de un cuerpo donde todos «somos miembros los unos de los otros» (Ef. 4:25).

La sabiduría de vivir en comunidad

El rey Salomón dijo: «El que anda con sabios será sabio» (Pr. 13:20). Sabiendo que la iglesia está formada por personas regeneradas y renacidas por la obra del Espíritu Santo, el hombre sabio entiende la importancia de cuidar la comunión con aquellos que son sabios por su temor al Señor (Pr. 1:7). Ningún hombre puede vivir aislado, por eso la exhortación a no dejar de congregarse está precedida por la necesidad de «estimularnos unos a otros al amor y a las buenas obras» (He. 10:24-25).

Debemos tener en muy alta estima a nuestras iglesias locales. Como dice el autor Brett McCracken: «un grupo que está comprometido de forma colectiva con la búsqueda de la santidad y está más interesado en glorificar a Dios que en celebrar el yo "auténtico" puede ofrecer una nutrición particularmente valiosa para una dieta de sabiduría saludable».[1] El hombre sabio no

1. Brett McCracken, *La pirámide de la sabiduría: cómo alimentar tu alma en un mundo posverdad* (Miami, FL: Patmos, 2021), p. 90.

desestima jamás este aspecto, no solamente porque sabe que la voluntad de Dios es que su pueblo se congregue, sino también porque es la manera divinamente establecida para que la comunidad adore en conjunto.

Vivimos en una cultura prominentemente individualista, que pondera la sabiduría por declaraciones y conductas egocéntricas que se enfocan en los logros y el provecho a nivel personal. Sin embargo, el hombre cristiano, miembro de su iglesia local, entiende que es sabio relacionarse con otros, ser exhortado para no caer en el engaño del pecado, aprender de ellos y, a su vez, enseñarle a su prójimo en el marco del estímulo del amor y las buenas obras. Su práctica de vivir intencionalmente en comunidad, a pesar de las diferencias y la diversidad del cuerpo, es una demostración de sabiduría de lo alto (He. 3:13; 1 Co. 12).

La sabiduría bajo autoridad

Cuando el apóstol Pablo le escribe su carta final a Timoteo, le recuerda que los tiempos difíciles de los últimos días incluirán, entre algunas de sus características, la manifestación de hombres amadores de sí mismos y soberbios. El pastor que ministra su don y rol pastoral se enfrentará a este tipo de personas dentro de la misma congregación y debe evitarlos (2 Ti. 3:2, 5). Es evidente que la autoridad pastoral será resistida de una u otra manera, porque también es un derivado de cómo la sociedad va desarrollando esta falta de respeto.

Dice Donald G. McDougall que «la falta de respeto por la autoridad secular ha crecido y se ha extendido a los hogares e iglesias cristianos de un modo alarmante».[2] Es sabio y beneficioso estimar de manera equilibrada y bíblica a aquellos que trabajan en predicar y enseñar, apacentar las ovejas y servir al pueblo de Dios, aunque la imagen pastoral esté cada vez más desgastada y descuidada por una gran parte del pueblo cristiano.

2. John MacArthur, *El ministerio pastoral: cómo pastorear bíblicamente* (Nashville, TN: Nelson, 2009), p. 241.

Por eso, el hombre sabio en la iglesia tiene una convicción distinta. Sabe que los pastores están puestos para velar por su alma y, por ende, se sujeta a ellos (He. 13:17).

En la iglesia local, el ministerio pastoral es una responsabilidad delegada por Cristo para perfeccionar a los santos. Esta certeza es de una relevancia medular, y el hombre sabio no la subestimará (Ef. 4:11-12). La sabiduría espiritual le enseña a un hombre a vivir considerando el resultado de la conducta del pastor o los pastores, y así poder imitar su fe (He. 13:7). También lo capacita para estimar y amar a quienes lo lideran, lo que incluye el reconocimiento del bien recibido (1 Ts. 5:13; Gá. 6:6). El hombre sabio enseñará esto en su hogar y se esforzará para que esta verdad permee la vida de su familia y para que sus hijos entiendan estos principios bíblicos (Dt. 6).

La sabiduría, el mejor recurso para la iglesia local

¡Cuántas áreas pudieran incluirse aquí respecto de cómo un hombre debe experimentar la sabiduría dentro de su iglesia! Resta expresar que solamente una vida piadosa y dependiente del Espíritu de Dios le permitirá a un hombre recordar, repasar y advertir las distintas situaciones en las que, con un corazón que ha cultivado la sabiduría, puede confesar con el rey Salomón que «la sabiduría tiene la ventaja de impartir éxito» (Ec. 10:10). Aunque la palabra «éxito» suene un tanto a publicidad comercial, la realidad es que no es otra cosa que lo que le pasa al hombre que mantiene una relación íntima con Dios: «En todo lo que hace, prospera» (Sal. 1:3).

Un hombre así es piadoso y útil en su congregación, refleja el carácter de Cristo, tiene hábitos saludables, discierne conflictos potenciales, conoce las circunstancias que es necesario evitar y se asemeja a los hombres de Isacar en tiempos de David. Estos hombres eran «expertos en discernir los tiempos, con conocimiento de lo que Israel debía hacer» (1 Cr. 12:32). Recordando al Predicador una vez más: «El sabio *tiene* ojos en su cabeza» (Ec. 2:14).

Conclusión

Quiero cerrar este capítulo con la última enseñanza de Jesús en el famoso «Sermón del monte». Allí utilizó una analogía increíblemente práctica, que me gustaría que la tuvieras presente si consideras que tu parte como hombre en la iglesia local es limitada por la falta de sabiduría. El hombre sabio y el hombre necio son confrontados por Jesús, y la diferencia básica entre ellos fue que uno puso en práctica lo aprendido y el otro no. Frente a la inevitable adversidad, el resultado fue favorable para el sabio, pero catastrófico para el necio (Mt. 7:24-27). Los problemas llegan tanto para el hombre sabio como para el necio, pero la gran diferencia está en poner en práctica lo que se aprende, porque el sabio no solamente sabe escuchar, sino que también sabe practicar. Cristo es ese fundamento sólido y roca fuerte al que recurre un hombre para constituirse en un miembro sabio, que contribuye desde su lugar a la extensión del reino de Dios.

18

Hombre sabio en la resolución de conflictos

DOUGLAS TORRES

Creo que todos hemos tenido más de algún conflicto en nuestras vidas. La verdad es que son una constante. Tarde o temprano llegan:

> En una correcta perspectiva de nuestra naturaleza como seres humanos, la pregunta no es si tienes conflictos, sino con quién o quiénes, con qué frecuencia y cómo los resuelves. ¡Los conflictos son parte de nuestra existencia![1]

Como hemos visto hasta este punto, la sabiduría, de acuerdo con las Escrituras, no es algo para un área determinada de la vida: abarca todas las áreas de nuestro andar, y esto ciertamente incluye los conflictos o la resolución de conflictos. En este capítulo, quiero responder a los siguientes interrogantes: ¿Qué es tener sabiduría en un conflicto? ¿Dice algo la Biblia acerca de los conflictos? ¿Cómo podemos ser sabios en los conflictos?

1. Luis Méndez, «¡Tengo conflictos! ¿Qué hago?», Soldados de Jesucristo, visitado el 20 de octubre de 2023, https://somossoldados.org/tengo-conflictos-que-hago/.

Comprendamos qué es un conflicto

Un conflicto es sencillamente un desacuerdo entre dos o más partes, es la falta de unidad de pensamiento en alguna área, que lleva a una oposición entre sus facciones. Ken Sande nos ayuda a entender este concepto un poco más:

> El conflicto surge cuando estás en desacuerdo con otra persona sobre lo que piensas, quieres o haces. El conflicto puede abarcar desde pequeñas diferencias a grandes disputas, y puede redundar no solo en ofensas, sino también en daños a la propiedad [...] El conflicto comienza cuando no consigues lo que quieres.[2]

Debemos comprender que los conflictos no son necesariamente un problema, el problema es no saber manejarlos. Hay que comprender que conflicto no es sinónimo de peleas y discusiones, y tampoco es sinónimo de división. Conflicto es simplemente el resultado de tener diferencias, el choque de ideas sobre determinado tema o la falta de unidad de pensamiento. Pero tales diferencias, tales choques y tal falta de unidad no tienen que ser un caos; el caos lo hacemos nosotros. El conflicto, manejado con sabiduría, puede ser incluso una bendición.

Reconozcamos las causas de los conflictos[3]

Para comenzar, debemos entender que todas las personas somos diferentes. Cada persona es única, tiene su propia personalidad, sus propios gustos, talentos, dones, metas, principios y valores, entre otras particularidades. Y si a esto le añadimos las diferencias culturales, teológicas, familiares e incluso políticas, es entonces

2. Ken Sande y Kevin Johnson, *Resuelve los conflictos cotidianos* (Grand Rapids: Editorial Portavoz, 2014), p. 12.

3. Para profundizar en este tema, se recomienda esta obra de donde se tomó estas causas de conflictos: Ken Sande, *Pacificadores: una guía bíblica para resolver conflictos personales,* segunda edición (Billings, MT: Peacemaker Ministries, 2006), p. 23.

natural que tarde o temprano surja uno que otro conflicto (Hch. 15:39; 1 Co. 12:12-31).

Aparte de nuestras diferencias individuales, tenemos también a menudo malentendidos. Realmente, esto sucede todo el tiempo. Como sabrán, no hay persona perfecta; por lo tanto, no hay persona que comprenda todo tal como debe ser. Muchos problemas o conflictos son resultados de estos malentendidos. Otro punto notable es que no solo entendemos mal los hechos o las situaciones, sino que también podemos malentender las intenciones. A veces las personas ven una determinada acción, pero juzgan mal pensando que seguramente tal acción —aunque haya sido buena— fue con una mala intención. Esto es algo muy subjetivo, y muchas veces nos equivocamos juzgando de esta manera —en ocasiones, las apariencias nos pueden engañar (Jos. 22:10-34).

Además, otro aspecto importantísimo a tener presente es que somos pecadores. Debemos recordar que como hijos de Adán somos seres caídos, con una naturaleza inclinada al pecado. Ese pecado se refleja en orgullo, soberbia, ira, mentiras, chismes, imprudencia, contenciones, egoísmo y todo tipo de actitud grosera que busca sus intereses por encima de las demás personas. Solemos pensar en nosotros mismos, y tenemos siempre una lucha con no cumplir el mandamiento divino de amar a Dios sobre todas las cosas y amar al prójimo como a uno mismo (Mr. 12:30-31; Ro. 7:18-24; Stg. 4:1-3).

Apliquemos la sabiduría bíblica para los conflictos

Como hemos visto que siempre tendremos desacuerdos con otras personas, incluyendo a hermanos en la fe, es importante que veamos algunos puntos prácticos a considerar cuando estemos ante conflictos o para evitar que estos escalen a un nivel mayor. Para comenzar, como hombres renovados debemos ser pacificadores. Aunque no siempre fue uno, Pedro, guiado por el Espíritu Santo, escribe lo siguiente: «Apártese del mal y haga el bien; busque la paz y sígala» (1 P. 3:11). Dios no quiere que busques contiendas. Es de sabios no buscar conflictos, así que haz lo que esté a tu alcance en pro de la paz. En términos bíblicos: «Si es posible, en cuanto de ustedes dependa, estén en paz con todos los hombres» (Ro. 12:18).

Hay algo que seguramente no nos gusta, pero que sabemos que debemos hacer: aprender a pasar por alto las ofensas.[4] De hecho, Jesús fue más allá y nos animó a poner la otra mejilla también (Lc. 6:29). Sí, seguramente algunas cosas son fáciles de dejar pasar, cosas por las que no vale la pena ofenderse o disgustarse, o cosas en que lo más sensato es perdonar sin ningún tipo de confrontación (Pr. 19:11). Pero no siempre es así. La Biblia dice que «es honra para el hombre evitar las discusiones, pero cualquier necio se enredará en ellas» (Pr. 20:3). Además, nos advierte así: «No digas: "Yo pagaré mal por mal"; espera en el Señor, y Él te salvará» (Pr. 20:22). Aun cuando el conflicto sea material, hay que recordar que el buen testimonio vale más que ganar una discusión: «Más vale el buen nombre que las muchas riquezas, y el favor que la plata y el oro» (Pr. 22:1).

También, debemos buscar siempre la reconciliación. Si bien la Biblia nos llama a perdonar las ofensas, también nos llama a solucionarlas por medio de la reconciliación: Si «tu hermano tiene algo contra ti [...] ve, y reconcíliate primero con tu hermano» (Mt. 5:23-24). Si quieres honrar a Dios y ser sabio, no importa si eres el ofensor o el ofendido, debes ir y buscar la reconciliación.[5] Además, si «Dios [nos] ha reconciliado *en Cristo*» (Col. 1:22) siendo enemigos, ¡cómo no buscar nosotros la reconciliación con otros!

Al mismo tiempo, debemos recordar que a veces la confrontación es un acto de amor. Las Escrituras dicen que «mejor es la reprensión franca que el amor encubierto. Fieles son las heridas del amigo, pero engañosos los besos del enemigo» (Pr. 27:5-6). Y recuerda también, que es mejor hablar antes que guardar resentimiento. Dios dice: «El que oculta el odio *tiene* labios mentirosos» (Pr. 10:18).

---

4. Sande, *Pacificadores*, p. 20.
5. *Ibíd.*, p. 20.

Hay algo que debemos hacer, pero que tampoco nos gusta mucho: pedir perdón y perdonar. Estas son unas de las cosas más restauradoras que existen. Pedir perdón es reconocer una falta, reconocer el error y, a su vez, pedir un favor y ser liberado de la carga. En cambio, perdonar es dar gracia, mostrar bondad y liberar a alguien de su deuda. Es la decisión de dejar pasar la ofensa. Sande dice:

> El perdón puede ser descrito como una decisión de hacer cuatro promesas: «No me detendré en este incidente», «no volveré a mencionar este incidente para usarlo contra ti», «no hablaré a otros acerca de este incidente», y «no dejaré que este incidente se interponga entre nosotros o entorpezca nuestra relación personal».[6]

Por tanto, revisa si has faltado en algo, revisa qué has hecho que haya perjudicado la relación o qué has hecho que haya profundizado el conflicto, y luego ve y pide perdón. Reconoce específicamente tu falta y muestra arrepentimiento. Y si en cambio, debes perdonar, recuerda una vez más el evangelio, pues el evangelio es perdón (Ef. 4:32).

A menudo debemos examinarnos antes de corregir a otros. Es fácil fijarse en lo que los demás hacen, antes de fijarme en mí mismo. Jesús fue claro en su advertencia de Mateo 7:5: «¡Hipócrita! Saca primero la viga de tu ojo, y entonces verás con claridad para sacar la mota del ojo de tu hermano». El Señor no quería decir que no puedes corregir el error de tu hermano porque tú también tienes errores; más bien, lo que dijo es que antes de ir ante tu hermano para corregirlo, debes primero examinar y corregir tus propios errores o faltas. Pero luego, ciertamente, debes ir en amor y ayudarlo en su error.

Debemos asegurarnos de que, ante la presencia de un conflicto, reflexionamos bien al respecto. Es necesario evaluar la

---

6. *Ibíd.*, p. 146.

situación con las posibles causas, así como las posibles consecuencias, sopesando todo en una balanza adecuada. No es sabio irse por las primeras impresiones o corazonadas, porque nos podemos equivocar con facilidad (Jer. 17:9). Por tanto, no debemos ser ingenuos ante un conflicto. Es bueno dar el beneficio de la duda, considerar las diferentes opiniones y confirmar bien los hechos antes de actuar (Pr. 14:15). Una vez hagamos una evaluación honesta, debemos ser sabios al hablar e interactuar. Esto implica saber cuándo, cómo, dónde y con quién hablar. Los conflictos ameritan que nos conduzcamos con sutileza y prudencia (Pr. 17:27-28). Por lo tanto, es importante pensar bien antes de hablar y no hablar por hablar (Pr. 15:28). Además, la manera de hablar también es importante. Recordemos que la forma de decir algo puede marcar la diferencia en un desacuerdo, independientemente de lo bueno del contenido (Pr. 25:11; 15:1).

Es natural ante un conflicto querer defenderse, especialmente cuando se piensa que hay una injusticia. Sin embargo, como estamos viendo, hay formas adecuadas —bíblicas— de enfrentar los conflictos. No podemos permitir que las emociones nos dominen (Pr. 16:32; 29:11). Debemos trabajar fuerte en tomar el control de nuestra embarcación: debemos ejercer el dominio propio.[7] Considero que es útil a menudo recordar que nuestro Dios es soberano y que está en control. Hay cosas que suceden que no vamos a entender, pero el Dios del que nos habla la Biblia —el único y verdadero Dios— está en control de todas las cosas, incluyendo los conflictos. Recuerda que tu vida está en las manos del Señor, y «para los que aman a Dios, todas las cosas cooperan para bien» (Ro. 8:28-29). Dios usa todo en nuestra vida para nuestra formación, edificación y santificación. Incluso, usa los problemas para trabajar en nosotros. Él siempre es bueno, perfecto y justo. Confiemos siempre en Él.

---

7. Escribimos sobre el dominio propio en el volumen anterior de esta serie de «Hombre Renovado». Te animo a leer ese libro y aprender más acerca de este tema tan importante: Daniel Puerto y Josué Pineda Dale, *Dominio propio: Control en una época de desenfreno* (Grand Rapids: Editorial Portavoz, 2022).

Otra cosa que ayuda mucho cuando enfrentamos un desacuerdo es tratar de comprender a la otra parte. Procura ponerte en los zapatos de quienes tienen el conflicto y esfuérzate para ver por qué tienen tales posturas. Recuerda que hay ocasiones en que las diferentes partes verdaderamente creen que están en lo correcto, y esto hace más difícil el problema (Pr. 12:15; 21:2). Tratar de ver el conflicto como lo ve la otra parte nos puede dar otra perspectiva. De manera similar, debemos procurar una buena comunicación. Es importante intentar que todas las partes se escuchen mutuamente. El hecho de tener un conflicto ya es una barrera. Pero si a esto le sumamos una mala comunicación, tal conflicto crecerá fácilmente, y la situación empeorará. Hay que generar un ambiente donde las partes escuchen las razones del otro con honestidad y respeto. En ocasiones, por estar más interesadas en ganar un punto que en solucionar el problema, las personas no escuchan lo que el otro dice, sino que más bien están pensado cómo defenderse (Pr. 18:13).

No olvides que cuanto más cercano seas de la persona con quien tienes el conflicto, más delicado tenderá a ser el asunto. Cuanta más cercanía hay, más sentimientos involucrados; y es más fácil perder el equilibrio en el asunto. Generalmente, los problemas familiares o con personas muy cercanas son resultados de pequeñas situaciones no resueltas que se acumulan y, al tratarse de personas íntimas, se vuelve el asunto mucho más emocional. Esto impide ver y evaluar los hechos más objetivamente, ya que hay «mucha tela que cortar». Por ello, el hombre sabio debe actuar con más sutileza y prudencia (Pr. 18:19).

Cuando el conflicto aparece y tal vez arrecia, podemos vernos tentados a devolver la afrenta. Sin embargo, el hombre sabio sabrá que esa nunca es una opción, sino que siempre debe hacer el bien. Romanos 12:17 nos advierte al respecto, diciendo: «Nunca paguen a nadie mal por mal. Respeten lo bueno delante de todos los hombres». No importa el conflicto o lo que te hicieron o dijeron. Haz lo correcto, actúa con bondad, trata de estar en paz con todos (Ro. 12:18). Por si quedaban dudas, Pablo continúa advirtiendo al respecto: «Amados, nunca tomen venganza ustedes mismos, sino den lugar a la ira *de Dios*, porque escrito está: "Mía es la venganza, Yo pagaré", dice el Señor» (Ro. 12:19). Pero el Señor, por medio de Pablo, no solo nos advierte qué no hacer, sino que también nos dice lo que sí debemos hacer: «"Pero si tu enemigo tiene hambre, dale de comer; y si tiene sed, dale de beber, porque haciendo esto, carbones encendidos amontonarás sobre su cabeza". No seas vencido por el mal, sino vence el mal con el bien» (Ro. 12:20-21).

Ya sea que estés en un conflicto o que sirvas de mediador en uno, quién eres te dará credibilidad. Definitivamente, ser recto e íntegro te dará una base enorme para poder lidiar con el conflicto (Fil. 4:2-3; Pr. 10:21). Busca ser un hombre sabio que se dirige como tal en todo aspecto de su vida, para que cuando llegue el desacuerdo sepan que no buscas dañar, sino edificar, bendecir y actuar con sabiduría. Tu testimonio ayudará para mediar en otros conflictos también.

A veces, el desacuerdo no se resuelve por medio de una reconciliación directa entre las partes afectadas, así que se deberá acudir a hermanos maduros para que ayuden en el proceso de restauración (Mt. 18:16). Recuerda que a veces no vemos el problema con claridad y, por ello, es necesario que otros hermanos den cierta luz (Pr. 11:14). Se requiere humildad y mansedumbre en este aspecto, y el hombre sabio escucha consejo y atiende. En ocasiones, deberás procurar que haya una negociación justa, si la situación llegara a presentarse. Aun cuando se logre el perdón y la reconciliación, a veces es necesario pensar cómo ser justos en la solución de bienes en conflicto, por ejemplo (Fil. 2:4). Esto puede incluir, en ocasiones, buscar personas que sirvan de jueces para tal fin. Pablo indica que los cristianos deberían solucionar sus conflictos, incluso legales, entre sí. El apóstol pregunta: «¿*Acaso* no hay entre ustedes algún hombre sabio que pueda juzgar entre sus hermanos [...]?» (1 Co. 6:5).[8]

8. Sande, *Pacificadores*, p. 20.

Por último, lo más importante: busca glorificar a Dios. Considera cualquier situación adversa como una oportunidad para honrarlo. Pregúntate qué estás haciendo en medio del problema o qué debes dejar de hacer para glorificar a Dios. Reflexiona como dice Sande: «¿Cómo puedo honrar a Dios en esta situación?»[9] (1 Co. 10:31). Si te propones de corazón glorificar al Señor, entonces lo dicho hasta aquí te será más fácil de hacer, te será más fácil pasar por alto ofensas, buscar la reconciliación, pedir perdón, perdonar y hacer bien a pesar de los obstáculos. Si tu mirada está puesta en Dios, tu Señor y Salvador, entonces podrás tener la perspectiva correcta en la resolución de conflictos.

Conclusión

¿Qué es tener sabiduría en un conflicto? Como cristianos, debemos manejar los desacuerdos de una manera bíblica; es decir, hacerlo de una manera en que podamos honrar a Dios obedeciendo su Palabra. Cada conflicto será una oportunidad para trabajar en las diferencias con otros, para dejar que sean evaluadas bajo una cosmovisión bíblica. Cada conflicto será una oportunidad para honrar a Dios, para hacer uso de principios divinos y para ver cuánto nos parecemos a Cristo. De esta manera, podremos ver cómo vamos en nuestra madurez y crecimiento cristiano, así como cuánto nos falta por crecer. ¡Que Dios nos ayude a ser sabios y así manejar los conflictos con sabiduría divina!

---

9. *Ibíd.*, p. 28.

19

Hombre sabio en el liderazgo

JOSUÉ PINEDA DALE

Hay muchos líderes alrededor nuestro: líderes buenos, líderes malos, líderes cercanos a la gente, líderes que son más capataces que otra cosa, líderes circunstanciales y líderes que llegaron ahí por derecho propio, entre otros. Tal vez no te veas a ti mismo como uno, pero de alguna manera, todo hombre es líder en algún momento o aspecto de su vida, y debe ejercer su liderazgo de una manera que sea agradable a Dios. Como hombre renovado —nacido de nuevo—, Dios espera que lideres con sabiduría haciendo uso de las herramientas que te ha dado y en plena dependencia de Él. Al final de cuentas, es el Señor quien da la sabiduría (Ec. 2:26),[1] así que no pierdas el tiempo y haz lo que Él te ha llamado a hacer en esta vida —en cada aspecto o área posible—temiéndole (Pr. 1:7) y acudiendo a la fuente de vida eterna (Stg. 1:5).

1. Martin H. Manser define la sabiduría como «la cualidad del conocimiento, discernimiento y entendimiento característico de Dios mismo». Por ende, la sabiduría procede de Dios: «Las Escrituras afirman que la verdadera sabiduría humana es un regalo de Dios y apuntan hacia la necedad de confiar en una mera sabiduría humana». Martin H. Manser, *Dictionary of Bible Themes: The Accessible and Comprehensive Tool for Topical Studies* (Londres: Martin Manser, 2009), «Wisdom».

¿Un líder nace o se hace?

Recuerdo que, en una clase de la universidad, hablando de temas de liderazgo, el profesor abrió a discusión un tema complejo: ¿un líder nace o se hace? Demás está decir que fue una conversación larga y compleja, con muchas opiniones y argumentos. Independientemente de tu posición al respecto y de las múltiples posturas que pueden surgir en defensa de un extremo u otro del espectro, lo cierto es que «los líderes sabios son aprendices. Si dejan de aprender, dejan de liderar sabiamente».[2]

Todo hombre cristiano debe seguir buscando aprender, dejándose guiar por el Señor y su Palabra. Refiriéndose a los ancianos en la iglesia local, el pastor Timothy Witmer da en el blanco al hablar del origen de la sabiduría y la dirección que todo líder necesita: «Esta sabiduría y dirección se encuentran en la Palabra de Dios a través de la luz del Espíritu Santo».[3] Además, es importante darnos cuenta de que «nunca nos graduamos del instituto de liderazgo de Cristo, pero avanzamos a medida que nos volvemos estudiantes más sabios a través de nuestras luchas, fallas y éxitos».[4] Por lo tanto, no desestimes lo que el Señor hace en tu vida, ya sean pruebas o bendiciones, porque Él te está moldeando para ser útil para su obra, para ser un mejor líder, siervo e hijo. Debemos procurar seguir creciendo en sabiduría para ser los líderes que Él quiere que seamos, ya sea en casa, en el trabajo o en la iglesia local.

Sabiduría y conocimiento no son lo mismo

La sabiduría que un líder pueda tener o que debe buscar continuamente, tal como bien observa el Dr. Miguel Núñez, «va más allá del mero conocimiento [intelectual]. Es una combinación

---

2. Boyd Bailey, *Aprende a ser un líder como Jesús: 11 principios que te ayudarán a servir, inspirar y preparar a otros* (Grand Rapids: Editorial Portavoz, 2019), p. 17.

3. Timothy Z. Witmer, *El líder pastor: cómo lograr un pastoreo efectivo en tu iglesia* (Phillipsburg, Nueva Jersey, P&R Publishing, 2022, 2022), p. 85.

4. Bailey, *Aprende a ser un líder como Jesús*, p. 17.

de la habilidad de discernir, de ser discreto, de ser prudente y de obrar de manera correcta».[5] ¡Es mucho más compleja e involucra mucho más! De nuevo: «La sabiduría no es conocimiento, aunque incluye el conocimiento. La sabiduría es, más bien, conocimiento aplicado o conocimiento usado para interpretar y reaccionar ante la vida».[6] Entonces, como sus hijos, Dios no quiere que simplemente tengamos conocimiento, sino que sepamos aplicarlo de manera adecuada en el momento adecuado. Si por conocimiento fuera, los demonios serían de los seres más sabios, pero no lo son, ya que no ponen en práctica lo que conocen que es verdad, sino que solamente «creen, y tiemblan» (Stg. 2:19).

A diferencia de lo que los demonios hacen, nuestro Dios quiere que seamos «hacedores de la palabra y no solamente oidores» (Stg. 1:22), de manera que andemos «como es digno del Señor, haciendo en todo, lo que *le* agrada, dando fruto en toda buena obra y creciendo en el conocimiento de Dios» (Col. 1:10). Ya sea que el líder nazca con características de líder o que se haga líder en el camino, todos debemos aprender constantemente y llevar a la práctica lo que aprendemos de parte de Dios para que Él sea agradado en todo: «La sabiduría está relacionada con la habilidad de aplicar ese conocimiento en la vida diaria, de tal forma que Dios sea complacido».[7]

¿Cómo lidera un hombre sabio en la práctica?

Tal vez tuviste la oportunidad de ver en acción a alguien que, habiendo sido colocado en una posición de liderazgo, ejerció su autoridad con necedad, de manera abusiva y autoritaria. Sucede tanto con un guardia de seguridad en un establecimiento comercial, como con el político o gobernante de turno. El ser humano es así, fácilmente se nos «sube a la cabeza». Por otro lado, puede que haya «buenos hombres» o «buenos líde-

5. Miguel Núñez, *Vivir con integridad y sabiduría: persigue los valores que la sociedad ha perdido* (Nashville, TN: B&H, 2016), p. 173.

6. *Ibíd.*

7. *Ibíd.*

res» que quieran ayudar genuinamente, tal como lo dirían las teorías modernas de liderazgo: «Las personas son sabias en la medida en que utilizan su inteligencia, conocimiento y creatividad para buscar un bien común».[8] Pero la sabiduría que viene de lo alto —la sabiduría de Dios— es mucho más que buscar el bien común: «la sabiduría de lo alto es primeramente pura, después pacífica, amable, condescendiente, llena de misericordia y de buenos frutos, sin vacilación, sin hipocresía» (Stg. 3:17). Por eso, el hombre cristiano puede y debe hacerlo mejor que los ejemplos que vimos antes. Dios espera que como hombres renovados lideremos con sabiduría. A continuación, veremos dos aspectos que todo hombre sabio debe cultivar de manera práctica para liderar con sabiduría.

En primer lugar, un hombre sabio lidera sabiendo que su autoridad es delegada, que no tiene autoridad en sí mismo y, por eso, depende de Dios en todo momento. Eso vemos en la vida del rey de Judá, Josafat, a diferencia del rey de Israel, cuando este último le pide ir a la guerra contra el rey de Aram para así recuperar a Ramot de Galaad: «Josafat dijo además al rey de Israel: "Te ruego que consultes primero la palabra del Señor"» (1 R. 22:5). Josafat, siendo rey, sabía perfectamente cuál era el primer paso antes de cualquier decisión: consultar al Señor. Por eso aconseja sabiamente a su colega. Creo que todos nos hemos visto tentados en algún momento u otro a actuar impulsivamente, a hacer estrategias y planes, y luego pedir al Señor que nos bendiga en la faena. Sin embargo, Josafat era sabio. Conocía sus propias debilidades y sabía que orar es reconocer quiénes somos delante de Dios. Josafat tenía muy claro lo siguiente:

> Cuando nos sometemos a Su voluntad, comenzamos a ver la vida como verdaderamente es, y eso nos ayuda a crecer en

---

8. José María Manzano Callejo, «La fortaleza de la perspectiva o sabiduría», Nuevatribuna, visitado el 7 de diciembre de 2022, https://www.nuevatribuna.es/articulo/sociedad/psicologia-positiva-fortaleza-perspectiva-sabiduria/20221206104358205702.html.

> sabiduría y en santidad. Nuestro sometimiento a Su señorío nos permite caminar en intimidad de corazón con el Señor; y como Dios es la fuente de toda sabiduría, nuestro caminar íntimo con Él nos coloca en una posición donde podemos ser llenados de eso que Él tiene.[9]

Pero el rey de Israel no tenía mucho interés en preguntar a alguien más qué hacer, sino que quería sencillamente ejercer su autoridad. Me imagino que no muy contento al respecto —porque ¿quién le dice o sugiere a un rey qué hacer?—, este rey necio manda a llamar a pseudoprofetas que no eran más que *yes-men*,[10] tal como lo indica perfectamente el idioma inglés, sabiendo que le dirían lo que quería escuchar: «Adelante con tus planes» o, en palabra de ellos: «Suba porque el Señor *la* entregará en manos del rey» (1 R. 22:6). Pero Josafat, dudando, le dice muy claramente: «¿No queda aún aquí *algún* profeta del Señor, para que lo consultemos?» (1 R. 22:7). Era obvio que los profetas anteriores no eran del Señor. Josafat sigue insistiendo en consultar a Dios. No quedaría en sus manos el no hacer lo que pudiera para ejercer influencia. Pero, por si no estaba claro antes, el rey de Israel dice: «Todavía queda un hombre por medio de quien podemos consultar al Señor, pero lo aborrezco, porque no profetiza lo bueno en cuanto a mí, sino lo malo. Es Micaías, hijo de Imla» (1 R. 22:8). Es decir, no quería llamarlo porque sabía que verdaderamente hablaría de parte de Dios y no trataría de quedar bien con él. De nuevo, el rey de Israel confirma de muchas maneras que es un necio. No tiene interés en consultar al Señor ni conocer su voluntad: quiere hacer su propia voluntad porque es lo que le place.

---

9. Núñez, *Vivir con integridad y sabiduría*, p. 174.

10. Término en inglés para describir a «una persona que está de acuerdo con todo lo que se dice [...] uno que respalda o apoya sin crítica cada opinión o propuesta de un asociado o superior». Diccionario Merriam-Webster, «Yes-man», Diccionario Merriam-Webster, visitado el 5 de diciembre de 2022, https://www.merriam-webster.com/dictionary/yes-man. Recurso en inglés.

Un hombre sabio lidera bajo la autoridad del Señor, reconociendo que, en última instancia, Él lo puso en esa posición. Acude a Él no solo porque tiene más conocimiento, sino porque él mismo está bajo autoridad. No es solo para saber qué hacer, sino que, en humildad, reconoce su posición: «el mejor balance del conocimiento es esa misma humildad acompañada de sabiduría».[11] Seamos como Josafat, quien prudentemente quería asegurarse de consultar antes de actuar: «Yo, la sabiduría, habito con la prudencia, y he hallado conocimiento *y* discreción» (Pr. 8:12). Es una idea terrible dejar de escuchar al Señor, por más experiencia que tengamos: «Cesa, hijo mío, de escuchar la instrucción, *y* te desviarás de las palabras de sabiduría» (Pr. 19:27). Como hombres fácilmente podemos desviarnos, escuchar lo que queremos oír y juzgar lo que más nos convenga. Que seamos prontos para acudir al Señor siempre, que escuchemos más de lo que hablamos, principalmente al Señor y su Palabra: «Hijo mío, presta atención a mi sabiduría, inclina tu oído a mi prudencia, para que guardes la discreción y tus labios conserven el conocimiento» (Pr. 5:1-2).

En segundo lugar, un hombre sabio lidera reconociendo que no es sabio en sí mismo. Por ende, necesita la sabiduría de Dios para hacer lo que lo ha llamado a hacer. Salomón lo tenía muy claro: necesitaba ayuda. Esto es característico de un hombre sabio que ama al Señor y que reconoce que solo Él puede capacitarlo adecuadamente. En 1 Reyes 3:3 se comienza diciendo que «Salomón amaba al Señor», y que, mientras ofrecía sacrificios en Gabaón, «el Señor se [le] apareció [...] de noche en sueños, y Dios *le* dijo: "Pide lo que *quieras que* Yo te dé"» (1 R. 3:5). Era la oportunidad de su vida. Podía pedir lo que quisiera. ¡Quién no quisiera tener una oportunidad como esta! No se trataba de una fantasía, como cuando un genio sale de una lámpara después de haber sido frotada, era Dios mismo que apareció a Salomón. Como veremos a continuación, este rey se somete a su Rey, aceptando quién era cada uno.

---

11. Núñez, *Vivir con integridad y sabiduría*, p. 174.

Salomón reconoció la misericordia mostrada a su padre David, al darle «un hijo que se siente en su trono» (1 R. 3:6). También reconoció que Dios, en su soberanía, lo había hecho rey, aun con lo poco que él era: «soy un muchacho y no sé cómo salir ni entrar» (1 R. 3:7). Además, reconoció que él era siervo del Señor y que era este Señor quién lo había puesto en medio de Su pueblo (1 R. 3:8). Finalmente, reconoció lo grande de la tarea frente a él: era «un pueblo inmenso que no se puede numerar ni contar por *su* multitud» (1 R. 3:8). Todo comienza por tener una perspectiva correcta de quién es Dios y quiénes somos nosotros. Si tu perspectiva es diferente a la de Salomón —si es diferente a lo que Dios ha revelado en las Escrituras—, entonces será difícil que ores conforme a la voluntad de Dios, pidiendo sabiduría para ti, ya que llegarás a creer que sabes más que Dios, que conoces qué es lo mejor que se debe hacer.

Por eso, Salomón hizo la petición más sabia que podía hacer. Pidió sabiduría al Señor: «Da, pues, a Tu siervo un corazón con entendimiento para juzgar a Tu pueblo *y* para discernir entre el bien y el mal. Pues ¿quién será capaz de juzgar a este pueblo Tuyo tan grande?» (1 R. 3:9). La tarea para este líder era inmensa, y él pidió ayuda a su Señor. El líder sabio reconoce que necesita sabiduría. Uno pensaría que es al revés, ¿no? ¡No! El sabio pide ayuda. Pide sabiduría. Por eso Salomón pide. Por eso depende. Por eso se humilla delante de Dios. Salomón sabía que, de acuerdo con la revelación de Dios, «la sabiduría se asocia a menudo con confiar en y temer a Dios».[12] Moisés había dejado claro esto, cuando escribió lo que el Señor quería: «Si andan en Mis estatutos y guardan Mis mandamientos para ponerlos por obra [...] Andaré entre ustedes y seré su Dios, y ustedes serán

12. Martin A. Shields, «Wisdom», editado por John D. Barry *et al.*, *The Lexham Bible Dictionary* (Bellingham, WA: Lexham Press, 2016). Además, «sabiduría en el Antiguo Testamento describe las habilidades prácticas asociadas con vivir una vida exitosa. Estas van desde la capacidad de crear trabajos altamente calificados hasta la capacidad intelectual requerida para tomar decisiones que resulten en resultados favorables y eviten problemas».

Mi pueblo» (Lv. 26:3, 12). Salomón sabía que la dependencia del Señor era clave, quería andar en sus mandamientos y ser sabio en aplicarlos. Que el Señor nos permita reconocer que necesitamos su sabiduría, no la nuestra. Que nos guarde de confiar en nosotros mismos y en lo que podamos saber. Seamos como Salomón, humildes, reconociendo que lo poco o mucho que podamos saber no garantiza que seamos sabios, que vivamos sabiamente ni que lideremos con sabiduría. Por eso, Salomón escribió más adelante el siguiente consejo que debe servirnos de alerta y recordatorio: «No seas sabio a tus propios ojos; teme al Señor y apártate del mal» (Pr. 3:7).

Conclusión

En nuestros días, hay más información que nunca, pero menos sabiduría. Básicamente, cualquier dato, consejo o procedimiento está disponible al segundo que lo requerimos. A pesar de la avalancha de recursos e información, es tan fácil ser necio que no hay que hacer mucho esfuerzo. Somos igual de necios que antes o quizá mucho más. De hecho, requiere esfuerzo y sabiduría actuar con cordura, reconociendo que necesitamos más y más sabiduría, y vivir controlados por el Espíritu Santo, en dependencia del Señor y su Palabra.[13] El Dr. Núñez resume la condición del cristiano hoy día de una manera muy digerible:

> Muchos tienen información (conocimiento), pero no saben cómo aplicarlo (sabiduría). Por tanto, no hay consistencia en su caminar (convicción). Como consecuencia, nunca exhiben la imagen de Cristo, ni siquiera parcialmente (carácter), que es la manera natural de vivir (hábitos).[14]

---

13. Para un tratamiento extenso acerca del dominio propio en la vida del hombre —el segundo libro de nuestra serie de «Hombre Renovado»—, ver Daniel Puerto y Josué Pineda Dale, *Dominio propio: Control en una época de desenfreno* (Grand Rapids: Editorial Portavoz, 2022).

14. Miguel Núñez, *Siervos para su gloria: antes de hacer tienes que ser* (Nashville, TN: B&H, 2018), p. 68.

Si esto es cierto con el cristiano, ¡imagina cuán difícil es ser sabio si alguien no conoce al Señor, si no le teme y no tiene su Palabra por estandarte! Pero si eres hijo de Dios, debes buscar ser sabio con la sabiduría de Dios, temiendo a Dios primeramente (Pr. 1:7) y pidiéndola constantemente (Stg. 1:5). Caracterízate por decir «a la sabiduría: "Tú eres mi hermana"», y por llamar «a la inteligencia *tu* mejor amiga» (Pr. 7:4). Sé el líder que Dios quiere que seas, humilde, dependiente de Él y su Palabra.

20

Hombre sabio en la toma de decisiones

AARON HALBERT

Cada mañana, desde el momento en que levantamos la cabeza de la almohada, nos enfrentamos a un sinfín de decisiones sobre nuestro día. No solo los líderes toman decisiones, tal como lo vimos en el capítulo anterior. Toda persona vive sus días decidiendo qué hacer o no hacer. Como hombres decidimos desde cosas tan insignificantes como lo que vamos a desayunar, hasta las elevadas preocupaciones de guiar a nuestra familia en las cosas de Dios. Realmente es complejo. Hay muchas cosas que entran en nuestra vida diaria, que requieren que tomemos decisiones rápidas e importantes. Todas ellas se derivan de nuestra comprensión de lo que significa ser sabio.

La sabiduría juega un papel importante en todas nuestras decisiones. ¿Por qué? Porque, como hemos visto con claridad a lo largo de este libro: «El temor del Señor es el principio de la sabiduría» (Pr. 1:7a). Y como no siempre tenemos claro o perseguimos esto, a menudo tomamos decisiones necias. Deberíamos desear glorificar constantemente a Dios en nuestras decisiones, desde la decisión más importante hasta la más microscópica.

Pero la mayor dificultad de esto no es el deseo de hacerlo, sino la forma en que lo hacemos. Eso en verdad es lo más importante.

El fundamento correcto

Creo que el lugar adecuado para comenzar es en el Salmo 1. Allí se nos dice que el hombre bienaventurado es aquel «que no anda en el consejo de los impíos, ni se detiene en el camino de los pecadores, ni se sienta en la silla de los escarnecedores», sino que se planta diariamente en la Palabra de Dios (Sal. 1:1-3). De hecho, ese «plantarse» diariamente al que me refiero por el símil que el salmista da en el versículo tres, ¡implica «que en la ley del SEÑOR está su deleite, y [que] en Su ley medita de día y de noche»! Por eso, el primer paso para ser hombres que toman decisiones sabias desde un lugar de temor al Señor es ser hombres de la Palabra de Dios.

Pero ¿cómo es ser un hombre de la Palabra de Dios o cómo se llega a serlo? Bueno, la manera en que esto se debe manifestar en nuestras vidas es que seamos hombres que estudian la Palabra de Dios. Debemos ser muy intencionales en esto. Y el principal motivo de estudiar la Biblia no debe ser contar con los textos adecuados para defendernos a nosotros mismos o defender nuestras acciones o nuestros deseos, sino para ser hombres que diligentemente aprenden de los principios claros de las Escrituras para aplicarlos en la vida diaria. La sabiduría en la toma de decisiones es algo que fluye de nuestra profunda comprensión del carácter de nuestro Dios y de los principios que Él establece en las Escrituras. De nuevo, esta sabiduría no es para sacar ventaja o para aprovecharse de otros, sino para conocer más a nuestro Dios y agradarle. Como las Escrituras nos muestran claramente quién y cómo es nuestro Dios, queremos estudiarla con dedicación y pasión.

Por ejemplo, al leer Proverbios —tal como vimos en el capítulo tres—, reconocemos que lo que se dice sobre la sabiduría describe quién es nuestro Dios y lo que significa funcionar en su economía. Con eso en mente, debemos ser guiados a la Palabra de

Dios para que podamos aprender más de Él y plantarnos junto a corrientes de agua que produzcan fruto en nuestras vidas. Como hombres renovados, debemos dar mucho fruto para el Señor. Deberíamos anhelar tener la sabiduría que vemos presentada en las Escrituras, y debería ser nuestro más ferviente deseo crecer en esa sabiduría y así crecer en la toma de decisiones piadosas. Todo comenzará con conocer más a Dios y su Palabra.

Elección de consejeros

Imagino que, mientras lees esto, te estarás diciendo a ti mismo:

> *Lo entiendo, sé que necesito ser un hombre de la Palabra de Dios. Entiendo ese principio, pero mi lucha está en la elaboración real del proceso de toma de decisiones. ¿Qué hago cuando tengo que tomar una decisión sobre cosas importantes en mi vida, como el matrimonio, el trabajo, la universidad, etc.?*

Quiero aclarar que simplemente inicié poniendo en perspectiva lo que, de acuerdo con las Escrituras, es lo primero que debemos hacer cuando pensamos en decisiones importantes de la vida. Lo hemos visto en muchos ejemplos en este libro: necesitamos conocer la Palabra de Dios y desear pensar los pensamientos del Padre basándonos en lo que su revelación indica con claridad.

Volviendo al punto, el Salmo 1 nos ayuda un poco más, resaltando la importancia de rodearse de buenos consejeros. El Salmo 1:1 nos advierte a tener cuidado con el consejo que escuchamos, pues, como un dicho popular dice, «no todo lo que brilla es oro». Debemos tener siempre presente que existe el mal consejo y el buen consejo, y el hombre sabio debe escuchar buenos consejos.

Por este motivo, también el libro de Proverbios dedica mucho tiempo a animarnos a tener buenos consejeros y a escucharlos, lo que implica también que cerremos nuestros oídos a los malos consejeros —los que ciertamente abundan a nuestro alrededor—. Podemos ver en la vida de Job, por ejemplo, cómo se hicieron presentes algunos malos consejeros, que cargaron su alma con argumentos sin fundamento en la sabiduría divina. Por consiguiente, como hombres que aman al Señor y se establecen en su Palabra, debemos buscar un buen consejo. No podemos pretender saberlo todo. No seamos como otros que buscan escuchar a quienes les dirán lo que quieren escuchar, sino que estemos dispuestos a buscar buen consejo, uno que sea con base en la Palabra de Dios.

El rol de la oración

Quizá todavía estás pensando: *Aaron, en realidad no has respondido a mi pregunta, ¿qué necesito para tomar buenas decisiones como hombre*? Ante esto, respondería con sinceridad que efectivamente he comenzado a presentarte lo que yo considero necesario para que como hombre se puedan tomar buenas decisiones: estudiar las Escrituras y tener buenos consejeros. Ambas cosas son elementos fundamentales en el proceso de tomar buenas decisiones. Es una sabia decisión ser un hombre del Libro. Además, es una sabia decisión ser alguien que tiene buenos consejeros, ¡idealmente que sean también hombres del Libro!

Pero hay algo adicional, hay más: también es sabio ser un hombre de oración. Es de sabios orar en dependencia del Señor. La oración es la otra cosa principal que debe formar parte de nuestro proceso de toma de decisiones. Debemos llevar constantemente las decisiones que tenemos ante nosotros delante del trono de Dios. Esto muestra que no queremos confiar en nuestra propia sabiduría o tener sabiduría terrenal, sino que deseamos someter nuestros planes y deseos ante el Señor Dios. Al final de cuentas, en la oración estamos reconociendo que nuestra meta final y deseo es que lo que hagamos en nuestras decisiones sea agradable a Él. Es de necios pensar que tú lo sabes todo o que ya lo tienes todo resuelto. El hombre sabio es un hombre de oración; es un hombre que busca al Señor y que se sabe falto. Así que acude a Él por ayuda, tan frecuente como te sea posible.

La voluntad de Dios

Una vez más, quizá pase por tu mente que has leído y estudiado las Escrituras, que has buscado consejo siempre y que has orado en dependencia del Señor, pero que realmente no ves cómo esto te ayuda a tomar decisiones sabias. Considero que la manera —y la más clara—de verlo es cuando empezamos a aplicar las Escrituras a nuestra vida cotidiana. Vivimos en una época en la que nuestra teología sobre la toma de decisiones se ha visto profundamente influenciada por tópicos cristianos como: «Solo quiero hacer la voluntad de Dios» o «no quiero estar fuera de su voluntad». Y luego todo queda demasiado abstracto, al punto que sientes que no logras absolutamente nada.

Lo anterior es porque olvidamos que nuestro Dios no tiene una loca voluntad secreta que está tratando de esconder de nosotros. No se trata de un misterio insondable o una revelación especial. Pablo nos dice que la voluntad de Dios para nosotros es nuestra santificación (1 Ts. 4:3). Sin embargo, a menudo el cristiano puede verse tentado a pensar o a vivir como si la voluntad de Dios fuera algo que hay que encontrar o que es *top secret*. ¡Nada más alejado de la verdad que vemos en su Palabra!

Esta forma de pensar sobre la voluntad de Dios nos muestra que lo que entendemos sobre tomar decisiones «tratando de estar en la voluntad de Dios» o «tratando de encontrar la voluntad de Dios», expone que, en nuestro interior, pensamos que nuestro Dios está muchas veces tratando de escondernos cosas. Tal vez pensamos que está jugando a las escondidas en relación con lo que Él desea para nosotros o que se hace el interesante. Entender que nuestro Dios es soberano y omnipotente nos ayuda a tomar decisiones basadas en quién es Él y no temer que estén fuera de su voluntad inmutable. Por lo tanto, podemos confiar que, si ponemos en práctica estos principios, nuestro Dios será fiel para continuar y terminar la obra que comenzó en nosotros (Fil. 1:6). Sé que tomaremos malas decisiones tarde o temprano, pero todo será usado para que Dios obre su voluntad en nosotros por medio de sus providencias en nuestras vidas. Dios revela claramente su voluntad para nosotros, que será más clara mientras tengamos más comunión con Él en su Palabra, recurramos a la oración, y más y mejores consejeros vengan a formar parte de nuestra vida.

Ahora sí, apliquemos la sabiduría

Ahora bien, todo lo que hemos discutido hasta este punto en este capítulo nos lleva a la aplicación práctica de la toma de decisiones. Una vez que hayamos establecido principios fundamentales a este respecto, podremos empezar a dejar que estos influyan en nuestra toma de decisiones. Entonces, ¿cómo afectan estos principios a la hora de tomar decisiones sobre dónde asistir a la universidad?, por mencionar un ejemplo. Creo que lo que las Escrituras nos enseñan es que debemos primero pensar en nuestra alma y su cuidado. Antes de tomar decisiones sobre dónde quiero estudiar, debería pensar en dónde puedo adorar y ser cuidado espiritualmente. A menudo, el proceso de pensamiento se inicia al revés, y luego las cosas comienzan y terminan mal. En definitiva, es un error horrible pensar primero en lo que queremos estudiar y dónde podemos asistir a la universidad, antes de pensar en la iglesia en la que deberíamos congregarnos.

Colocar la iglesia en segundo lugar en nuestra toma de decisiones tiene consecuencias mucho más allá de lo que podemos imaginar. Pensar en la iglesia en último lugar afectará a los consejeros que tengamos, la predicación que escuchemos y, tal vez incluso, a la chica con la que nos casemos. Parece iluso o exagerado, pero ciertamente no lo es. Tal como se observa en 2 Reyes 8, Joram termina casándose con la hija de Acab y, por esto, la adoración de ídolos entró en el reino.

Entonces, al pensar en la importancia de la Palabra de Dios y de buenos consejeros, incluso entra en juego con quién nos casamos. Y todo esto tiene consecuencias profundas. Este principio es clave porque la Iglesia es la esposa de Cristo, por quien Él murió. Así que, si vamos a pensar los pensamientos de Dios, entonces su amor por la novia debería ser nuestro amor por la novia, y por ende debería afectar nuestra toma de decisiones.

Esto es cierto incluso en la manera en que tomamos decisiones sobre trabajos. La gente piensa primero en la economía y en las ciudades donde quieren vivir, pero muy poco en dónde su familia adorará. Cuando hacemos esto, no buscamos plantarnos cerca de corrientes vivas, sino que pensamos más en la ganancia económica en lugar de la ganancia espiritual.

Conclusión

Nunca pierdas de vista que Dios quiere nuestra santificación, ya que esto te ayudará a pensar muy claramente acerca del tipo de decisiones que tomamos. Dios usa la iglesia donde su Palabra es predicada para hacernos crecer en santidad. El deseo por la Palabra debe ser primordial y debemos estar seguros de hacer de eso nuestra más alta prioridad. ¿Por qué? Porque tendrá un impacto en nuestra salud espiritual. Tendrá un impacto en nuestros hijos. Afectará nuestros matrimonios. Afectará nuestras vidas de este lado de la gloria. Así que cuando pensamos en la sabiduría y la toma de decisiones, debemos pensar basados en los principios piadosos que el Señor nos ha dejado. Depender de Dios y pensar sus pensamientos nos permitirá valorar lo que Él valora y buscar traerle gloria en cada decisión que tomemos. Es mi oración que nuestras decisiones estén enfocadas en la sabiduría que viene de las Escrituras y no en la nuestra. ¡Oh, que veamos la importancia de ser hombres del Libro, de la Iglesia y de oración! Que Dios nos conceda esa clase de sabiduría para vivir.

21

Hombre sabio que crece más y más en sabiduría

NELSON MATUS

Este libro es como un bisturí, que seguramente abrió muchas heridas infectadas, rompió muchas durezas y mostró que tenemos mucha necesidad de la sabiduría de Dios en nuestra vida. Ha sido sin duda un libro desafiante, alentador y humillante. ¡Una mezcla extraña! Seguramente, fuiste desafiado a crecer en la sabiduría de Dios, alentado a caminar más cerca del Señor, a crecer en el conocimiento de su Palabra y a andar en su temor. Sin embargo, con toda certeza, también fue un libro humillante, porque reveló áreas débiles, pecados, descuidos, apatías y necedades que deben ser cambiados con urgencia. Algunos de ellos seguro que demandaron arrepentimiento, corrección, confesión o, simplemente, aceptar tu falta de sabiduría bíblica. ¡Espero en la gracia de Dios que haya sido así! Y si lo fue, es allí en donde comienza el cambio y el crecimiento.

En estas páginas, no solo hubo definiciones teóricas y teológicas, conceptos abstractos e historia de la Iglesia, sino que hubo también un sinfín de aplicaciones específicas y demostraciones prácticas de cómo luce la sabiduría bíblica en la vida de un hombre de Dios. Hubo aplicaciones para el área laboral y familiar, para tus relaciones interpersonales y amistades, para tu matrimonio y paternidad, para tus finanzas y mayordomía, para el uso de tu tiempo, para tu liderazgo y ministerio en la iglesia local, así como para tomar decisiones y resolver conflictos. Después de observar cada detalle, llego a la siguiente conclusión: ¡cuánta falta de sabiduría reveló este libro en nuestras vidas y cuán urgente necesitamos procurarla!

Con acierto, el proverbista nos invita de manera constante a buscar y anhelar la sabiduría de Dios, y no se equivoca en instarnos a hacerlo:

> Hijo mío, si recibes mis palabras
> Y atesoras mis mandamientos dentro de ti,
> Da oído a la sabiduría,
> Inclina tu corazón al entendimiento.
> Porque si clamas a la inteligencia,
> Alza tu voz por entendimiento;
> Si la buscas como a la plata,
> Y la procuras como a tesoros escondidos,
> Entonces entenderás el temor del Señor
> Y descubrirás el conocimiento de Dios.
> Porque el Señor da sabiduría,
> De Su boca *vienen* el conocimiento y la inteligencia
> (Pr. 2:1-6).

> Adquiere sabiduría, adquiere inteligencia;
> No te olvides ni te apartes de las palabras de mi boca [...]
> Lo principal es la sabiduría; adquiere sabiduría,
> Y con todo lo que obtengas adquiere inteligencia (Pr. 4:5, 7).

Esto mismo es lo que hemos tratado de hacer en este libro: motivarte a que busques sabiduría de lo alto, de tal manera que vivas como Dios quiere. Sin embargo, al concluir esta lectura, existe un gran peligro que te exhorto a evitar. Si después de leer los capítulos anteriores, simplemente resuelves cerrar la tapa de este libro y no buscar con vehemencia hacer cambios específicos y progresivos, entonces solo serás un necio mejor informado. Amigo, ¡no caigas en la trampa! No des lugar al orgullo que se niega a reconocer tu necesidad. Es bueno aceptar humildemente que necesitamos más y más del Señor, de su Palabra, de su poder y de su gracia transformadora. No olvidemos que es humilde el que es sabio y viceversa: «Cuando viene la soberbia, viene también la deshonra; pero la sabiduría está con los humildes» (Pr. 11:2).

Un hombre necio no es necesariamente aquel que sabe poco, porque entre los necios también hay muchos hombres llenos de conocimiento. Desde luego, ese es un conocimiento inerte e infructuoso. Pero ese es justamente el punto crucial: los necios no aplican o no se sujetan a ese conocimiento de manera que dirija sus corazones, afectos, convicciones y acciones. El cristiano —el hombre renovado— no debe caer en esa trampa, sino que debe aplicar sabiduría de parte de Dios a su vida por el poder del Espíritu de Dios, para darle gloria al Señor, modelando el evangelio y mostrando a Cristo, quien es la sabiduría de Dios.

El necio más necio de todos es aquel que, conociendo la verdad, insiste en vivir contrario a ella, enceguecido por su arrogancia. El necio resuelve dar la espalda a Dios y a su Palabra. Tal como escribió el pastor Kevin DeYoung:

> El necio es aquel que no vive la vida a la manera de Dios. La sabiduría es conocer a Dios y obedecer sus mandamientos, mientras que la necedad es darle la espalda a Dios para solo escucharte a ti mismo.[1]

El necio rechaza aceptar que su manera de pensar es errónea y, por ende, resiste su necesidad de Dios y de ser enseñado. El necio no tiene corazón ni espíritu enseñable. No tiene la humildad para

1. Kevin DeYoung, *Haz algo: descubre la voluntad de Dios* (Medellín, Colombia: Poiema Publicaciones: 2020), p. 75.

reconocer su necesidad y no se deja enseñar por otros. Lee con mucha atención estos versículos. Observa cómo el proverbista se refiere a los que aborrecen y rechazan la sabiduría:

> Porque odiaron el conocimiento,
> Y no escogieron el temor del Señor,
> Ni quisieron aceptar mi consejo,
> Y despreciaron toda mi reprensión.
> Comerán del fruto de su conducta,
> Y de sus propias artimañas se hartarán.
> Porque el desvío de los simples los matará,
> Y la complacencia de los necios los destruirá.
> Pero el que me escucha vivirá seguro,
> Y descansará, sin temor al mal (Pr. 1:29-33).

Por eso, permíteme darte algunos consejos finales para animarte a continuar en este camino creciente de sabiduría y madurez como hombre de Dios.

Busca y anhela la sabiduría sin cesar

Conversaba hace unos días con un hermano joven, que me expresaba su pesar, porque los matrimonios adultos de su iglesia no son un modelo de madurez ni de sabiduría bíblica. En sus palabras: «No hay dónde buscar sabiduría de personas fieles en sus matrimonios». Mi respuesta tuvo que ver con que, primero, él y yo anheláramos y buscáramos intensamente llegar a ser ese tipo de creyentes maduros, sabios y piadosos, que puedan ser un modelo de sabiduría bíblica aplicada para los que vengan detrás de nosotros.

No podemos lamentarnos solamente por lo que otros no han llegado a ser. Debemos buscar ser sabios, porque eso es lo que Dios espera de nosotros. No se trata de competir con otros —de ser más sabios que otros—, sino de buscar y anhelar a Dios y de amar lo que Él ama. Por lo tanto, no te desanimes. No te justifiques. Busca la sabiduría. Busca crecer. Busca madurar. Y, sobre todo, mira a Cristo. Que las palabras del salmista resuenen constantemente en nuestros oídos: «Enséñanos a contar de tal modo nuestros días, que traigamos al corazón sabiduría» (Sal. 90:12).

Respecto a esa sabiduría que debemos buscar sin cesar, el pastor DeYoung explica que «estamos hablando de una manera de vivir que está profundamente centrada en Dios. La sabiduría bíblica implica vivir una vida disciplinada y prudente en el temor del Señor».[2] No sé tú, pero puedo decirte que ¡yo anhelo ese tipo de vida! Yo quiero más de ese caminar en el temor del Señor, que refleje una humilde sumisión a su Palabra y una humilde dependencia de su gracia. Ni yo ni tú somos una fuente de sabiduría, pero nuestro gran y sabio Dios sí lo es, y también puede dárnosla. Anhelemos una vida centrada en Él, que glorifique su precioso Nombre en todo. Busca constantemente y sin cesar esa sabiduría que viene de Dios.

Satura tu mente de la Palabra de Dios

Dios nos ha dado el testimonio escrito, veraz, infalible y fiel de las Sagradas Escrituras para que nuestras mentes sean transformadas y renovadas. Cuando hablamos de llegar a ser hombres sabios y maduros, no sugerimos que eso suceda separados de su preciosa Palabra. Por lo tanto, ¡estoy llamándote a ser un hombre de la Palabra, porque es imposible llegar a ser sabios sin estar saturados de la santa Palabra de Dios! El pastor galés, Geoffrey Thomas, escribió: «Deje que la Palabra colme su corazón y su mente una y otra vez a medida que pasan los años, y de manera imperceptible vendrán grandes cambios de actitud, perspectiva y conducta».[3]

Como hemos visto a lo largo de este libro, la sabiduría es mucho más que mero conocimiento:

> La sabiduría es la diferencia entre conocer a un biólogo de clase mundial que pueda escribir tus ensayos por ti y

---

2. *Ibíd.*, p. 75.

3. Citado por Donald S. Whitney, en *Disciplinas espirituales para la vida cristiana* (Carol Stream, IL: Tyndale House Publishers, 2016), p. 39.

> aprender de un biólogo de clase mundial para poder escribir ensayos como él. Muchos de nosotros queremos que Dios sea un académico de clase mundial que escriba nuestros ensayos y viva nuestras vidas, pero Dios quiere que nos sentemos a sus pies y leamos su Palabra para poder vivir una vida que refleje a su Hijo.[4]

Por lo tanto, ¡anhelemos la sabiduría de Dios! Pero deseemos mucho más a Dios mismo, estar a sus pies, amarlo, deleitarnos en Él y conocerlo. No nos olvidemos que las Escrituras nos revelan al trino, glorioso y sabio Dios. Ese Dios nos llama a conocerlo y gozar de Él para siempre. El evangelio nos ha traído a la comunión y reconciliación con el sabio y soberano Dios.

La sabiduría, entonces, no es un fin en sí misma, sino más bien un resultado de la comunión con Dios y de la obra transformadora y renovadora de la santa Palabra de Dios aplicada en la vida del creyente. Una vida piadosa es imposible sin sabiduría divina, de la misma forma que es imposible ser sabio sin ser piadoso, y a su vez, ambas cosas son imposibles sin conocimiento de la Palabra (Stg. 3:17). La sabiduría de Dios es imprescindible, porque hay diversas áreas, decisiones y aspectos en la vida del cristiano que demandan discernimiento bíblico, y no es posible alcanzar un discernimiento piadoso separado de las Escrituras. Del Señor viene la sabiduría verdadera, pero es necesario renovar continuamente nuestro entendimiento con su verdad, ya que solo su Palabra es la que «hace sabio al sencillo» (Sal. 19:7).

De nuevo, la sabiduría no está divorciada del conocimiento de las Escrituras, porque «cuando leemos la Biblia escuchamos a Dios con una seguridad que no encontramos en ningún otro libro y en ninguna otra voz».[5] Con justa razón y acertada agudeza, J. I. Packer dijo: «Si yo fuera el Diablo, uno de mis primeros objetivos sería impedirle a la gente que profundizara en la Biblia. Sabiendo

4. DeYoung, *Haz algo*, p. 75.
5. *Ibíd.*, p. 77.

que es la Palabra de Dios, que enseña a los hombres a conocer, amar y servir al Dios de la Palabra».[6] Y es que la Biblia, tal como el pastor y escritor escocés Thomas Guthrie (1803-1873) dijo:

> es un arsenal de armas divinas, un laboratorio de medicinas infalibles, una mina de riquezas inextinguibles. Es un mapa de carreteras para todos los caminos, una carta de navegación para todos los mares, una cura para todas las enfermedades y un bálsamo para todas las heridas.[7]

Recuerda las palabras de Pablo a Timoteo:

> Toda Escritura es inspirada por Dios y útil para enseñar, para reprender, para corregir, para instruir en justicia, a fin de que el hombre de Dios sea perfecto, equipado para toda buena obra (2 Ti. 3:16-17).

Ora al Señor continuamente

Es evidente que debemos leer la Palabra de Dios, meditar en ella, memorizarla y saturar nuestra mente de ella, profundizando en sus verdades. En pocas palabras, debemos atesorar su Palabra en nuestro corazón. Pero el crecimiento en adquirir sabiduría divina no es un mero ejercicio de la cabeza. Hay algo que llevará el conocimiento bíblico al corazón y a la renovación de la mente y los afectos: la oración.

La oración es vital para el cristiano, porque es una evidencia de su dependencia y del lugar de prioridad que tiene Dios en su caminar diario. Necesitamos la obra del Espíritu Santo. Necesitamos la gracia de Dios para que las Escrituras hagan su obra en nosotros. Santiago 1:5 nos exhorta a pedir sabiduría a Dios, porque no es algo que producimos nosotros mediante el mero

---

6. Citado por Whitney, en *Disciplinas espirituales para la vida cristiana*, pp. 85-86.

7. Citado por John MacArthur, en *Comentario bíblico MacArthur del Nuevo Testamento: Efesios* (Grand Rapids: Editorial Portavoz, 2010), p. 442.

acto académico de adquirir conocimiento, sino que necesitamos que Él intervenga.

Entonces oramos, oramos y oramos, porque «la oración es acercarnos humildemente, expectantes»[8] de su obra, respuesta y maravilloso poder en nosotros. Nos acercamos a Dios para tener más de Él, gozar más de Él y ser transformados de gloria en gloria en la imagen de Cristo como por el Espíritu de Dios (2 Co. 3:18) ¡Nadie llega a ser sabio sin caminar consistente y humildemente en el temor de Dios y a los pies del Señor! No hay atajos.

Paul Washer nos ayuda a resumir esta parte con la siguiente reflexión:

> La oración privada es absolutamente esencial en nuestro estudio de las Escrituras, ya que tenemos una constante necesidad de la ayuda del Espíritu Santo. Es el Espíritu de Dios quien nos ilumina para comprender las Escrituras (1 Co. 2:12; 1 Jn. 2:20; Ef. 1:15-19) y quien nos fortalece para obedecerlas. La oración privada y la comunión personal también nos protege contra una fe que es totalmente cerebral, intelectual o académica, en lugar de ser transformadora, relacional y práctica.[9]

Reconoce tus limitaciones y debilidades

Tim Chester nos recuerda que todos «los árboles frutales necesitan de vez en cuando una poda para seguir dando buen fruto».[10] De igual manera, nosotros necesitamos esa poda de parte del podador (Jn. 15:1-5), porque esto nos hace fructíferos. Parte del proceso de ser sabios, útiles y fructíferos para el Señor es reconocer nuestras limitaciones y debilidades, ya que esto nos

---

8. David Mathis, *Hábitos de gracia: disfrutando a Jesús a través de las disciplinas espirituales* (Ellensburg, WA: Editorial Proyecto Nehemías, 2017), p. 102.

9. Paul Washer, *Los medios esenciales de gracia* (Medellín, Colombia: Poiema Publicaciones, 2022), p. 59.

10. Tim Chester, *Cristianos superocupados: organiza tu vida, ¡no dejes que ella te organice a ti!* (Barcelona, España: Publicaciones Andamio, 2013), p. 86.

ayudará a establecer y mantener prioridades bíblicas. Además, nos ayudará a ser intencionales en nuestras oraciones hacia Dios en dependencia a Él. Por eso, tal como el Dr. Miguel Núñez afirma, «mucho de lo que podemos hacer en el discipulado es enseñar al discípulo a ordenar su mundo interior».[11] Es fácil olvidarnos, desordenarnos y desviarnos.

La verdad es que, a menudo, no estamos muy al tanto de nuestros límites —o no queremos reconocerlos—. Por eso, frecuentemente decimos «sí» a toda buena invitación, sin tener filtro, y fácilmente descuidamos nuestra comunión con el Señor, al mismo tiempo que abandonamos nuestras prioridades. Pero recordemos que nuestra comunión con Dios es vital si verdaderamente anhelamos crecer en sabiduría. En consecuencia, debemos aprender a reconocer nuestros límites para luego priorizar nuestro andar con Él.

Quizá te atemorice reconocer tu falta de sabiduría, tus áreas débiles o algún fracaso actual. Creo que a todos nos ha pasado más de una vez. Por eso, me impacta mucho la afirmación de Paul Tripp acerca de cómo el evangelio nos permite ser honestos:

> Debido a que la obra de Jesús en nuestro favor es completamente suficiente, puedo ser honesto. No hay daño que el pecado haya hecho o hará que no haya sido abordado por su persona, trabajo, promesas y presencia. Estoy convencido de que nosotros, la comunidad de creyentes, podemos ser la comunidad más honesta de la tierra porque no hay nada que pueda ser conocido, revelado o expuesto sobre nosotros que no haya sido cubierto por la obra expiatoria de Cristo.[12]

Es evidente, entonces, que en el evangelio somos liberados incluso de pretender algo que no somos. Solo Cristo es perfecto.

---

11. Miguel Núñez, *De pastores y predicadores* (Nashville, TN: B&H, 2021), p. 96.

12. Paul David Tripp, *Sé líder: 12 principios sobre el liderazgo en la iglesia* (Nasvhille, TN: Editorial B&H, 2021), p. 11.

Nosotros estamos en un proceso de ser conformados a su imagen. Él ya pagó por nosotros. No hay nada que temer ni ocultar. Por eso, la siguiente advertencia es adecuada en este punto en el que nos encontramos:

> Si no estamos descansando en la justicia de Jesús, nuestra conciencia creciente de pecado llega a ser un peso aplastante. Nos doblamos bajo su peso y compensamos aparentando que somos mejores de lo que realmente somos.[13]

No necesitamos aparentar. Por lo tanto, sé humilde. Reconoce tu falta de sabiduría, pide perdón, confiésala, sabiendo que el Señor llena de gracia al humilde. Descansa en la gracia del evangelio, acepta tus límites y debilidades, establece prioridades de manera firme y consistente, y camina al lado de personas maduras que puedan ayudarte a ser consistente a largo plazo en este crecimiento.

Rodéate de gente sabia

Finalmente, «si queremos tomar decisiones sabias, debemos buscar consejo de los demás».[14] No puedes aislarte. Si queremos vivir vidas sabias, debemos buscar a otros sabios a nuestro alrededor. Proverbios menciona y resalta la gran influencia que provoca relacionarte con sabios: «El sabio oirá y crecerá en conocimiento, y el inteligente adquirirá habilidad [...] El que anda con sabios será sabio, pero el compañero de los necios sufrirá daño» (Pr. 1:5; 13:20).

Hermano, camina con sabios. Aprende a seguir su ejemplo. Conversa abiertamente de tus debilidades y aprende de ellos. Haz buenas preguntas e inicia conversaciones intencionalmente edificantes para tu crecimiento. Echa mano de esos grandes hombres de Dios que están cerca de ti. ¡Búscalos y rodéate de ellos!

---

13. Robert H. Thune y Will Walker, *La vida centrada en el evangelio* (Greensboro, NC: New Growth Press 2009), pp. 23-24.

14. DeYoung, *Haz algo*, p. 75.

Al mismo tiempo, también permite ser cuestionado y evaluado con honestidad y transparencia por ese tipo de hombres. Deja que entren en tu vida. Deja que te reten y que hagan preguntas incómodas. No solo aprendas de ellos observando y preguntando, deja que ellos entren profundamente en tu vida.

Si el mismísimo apóstol Pedro, en cierta ocasión, se comportó de una forma hipócrita e inconsistente con el evangelio (Gá. 2:11-14), ¡cuánto más tú y yo necesitamos un Pablo que nos confronte cara a cara para nuestro bien! Busca a esas personas y rodéate de ellas, anhela ser ese tipo de persona en unos años más y, mientras llegas ahí, camina con sabios. Los necesitas. Los necesitamos.

Conclusión

Ser sabio no es una opción para el hombre cristiano: es un llamado, un imperativo, una orden dada por nuestro gran Dios. Por eso, si te consideras un hombre que vive o intenta vivir según los preceptos del Señor, debes anhelar la sabiduría que viene de lo alto, la cual te mostrará cómo glorificar a Dios en todo en tu vida, cómo gozar de Él siempre y cómo apuntar las miradas y esperanzas de otros hacia Cristo. Y, sí, ¡no es una labor fácil adquirir sabiduría divina! Nadie dijo que es sencillo. Pero es muy valioso, y Dios dijo que le pidiéramos cuando nos encontráramos carentes de ella. Así que anímate y solo hazlo. Adquiere sabiduría de parte de Dios y ponla en práctica cuanto antes.

Soldados de Jesucristo

Soldados de Jesucristo es el fruto de una conversación entre cinco amigos de distintos países que se conocían únicamente por redes sociales. Colombia, República Dominicana, Venezuela y Argentina fueron las naciones representadas en su fundación. En sus inicios, este ministerio existía solamente como una página en Facebook que publicaba imágenes con frases de predicadores y versículos bíblicos. Con el paso del tiempo, creció hasta convertirse en un sitio web que incluye artículos originales y entrevistas en video con pastores de distintos países. Por la gracia de Dios, hoy tiene más de 1.7 millones de seguidores en Facebook, otros miles en distintas redes sociales, y cientos de miles que visitan el sitio web.

Soldados de Jesucristo existe para apoyar a la iglesia local predicando el evangelio de la gracia de Dios por todos los medios en línea, a todo el mundo. Este objetivo ha abierto puertas para conocer la realidad de nuestra América Latina, y fomentar diversas iniciativas como un medio de bendición para muchos. El entender la realidad de la iglesia de Cristo en Latinoamérica nos llevó a comprender la gran necesidad de un espacio dedicado a los hombres de esta región del mundo, proveyendo recursos que les haga ver a Cristo y les permita ser conformados a su imagen en cada aspecto de sus vidas.

Así nació Hombre Renovado, que inicialmente presentó artículos de blog y episodios de pódcast con el tema «el hombre y el orgullo». Damos gracias a Dios porque el material publicado en diferentes plataformas fue bien acogido en distintos países, y todos fuimos bendecidos, desafiados y animados en el proceso. Confiando en la misericordia del Señor, en los próximos años se mantendrá el mismo formato, mientras consideramos adicionar otros elementos que esperamos sean de bendición para todos los hombres de habla hispana. Otros temas que exploraremos son las características que todo hombre piadoso debe cultivar, meditaciones sobre la realidad de la muerte, y otros. Nuestra oración es que el libro que tienes en tus manos, así como los que están por venir en esta serie, nos ayuden a vivir vidas santas y agradables al Señor.

Todo cuanto se hace en Soldados de Jesucristo es gracias al apoyo de un equipo comprometido que ha dispuesto de su tiempo *ad honorem* para llevar adelante trabajos de diseño, edición, publicación, contenidos, etc. Estamos sumamente agradecidos a Dios por tanta bondad. Si deseas leer más sobre nosotros y los recursos que producimos, visita www.somossoldados.org. Si deseas más información o unirte a nuestro equipo, escríbenos a contacto@somossoldados.org.

Índice de referencias bíblicas

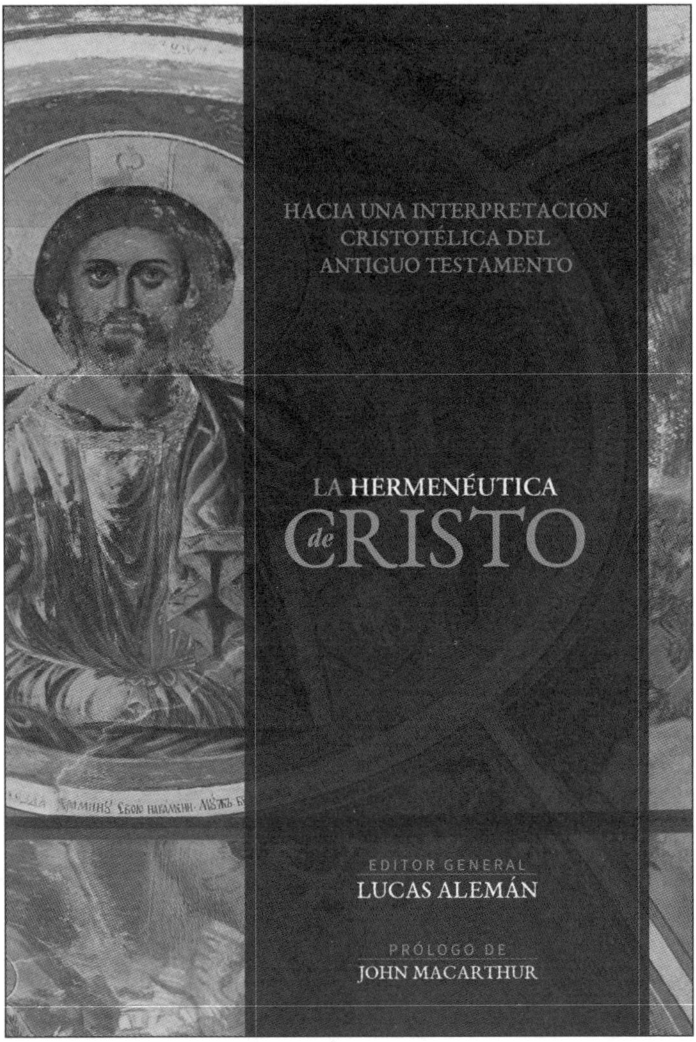

El consenso general es que Cristo puede encontrarse en el Antiguo Testamento y debe predicarse desde el Antiguo Testamento. Sin embargo, no todos están de acuerdo en cómo hacerlo. Este libro defiende al cristotelismo como la hermenéutica que anticipa al Cristo que el Nuevo Testamento identifica como Jesús (Mt 26:63-64; Jn 1:41, 45) sin tener que forzarlo en cada pasaje del Antiguo Testamento. Para encontrar y predicar a Cristo en y desde el Antiguo Testamento es necesario leerlo cuidadosamente, precisamente de la misma manera que Cristo lo hizo.

En este profundo pero ágil recorrido por los catorce distintivos esenciales del ministerio pastoral, hombres entrenados en Grace Community Church y The Master's Seminary, entre otros, proporcionan al lector una meticulosa orientación respecto al alto llamado de pastorear al pueblo de Dios. *Siervo fiel* llevará al lector por un trayecto que incluye teología, homilética, relaciones familiares y principios de liderazgo, entre otros aspectos de la vida y el ministerio pastoral que, debido a su gran relevancia, impactan de forma directa no solo su propia vida sino la de su congregación o grupo que lidera.

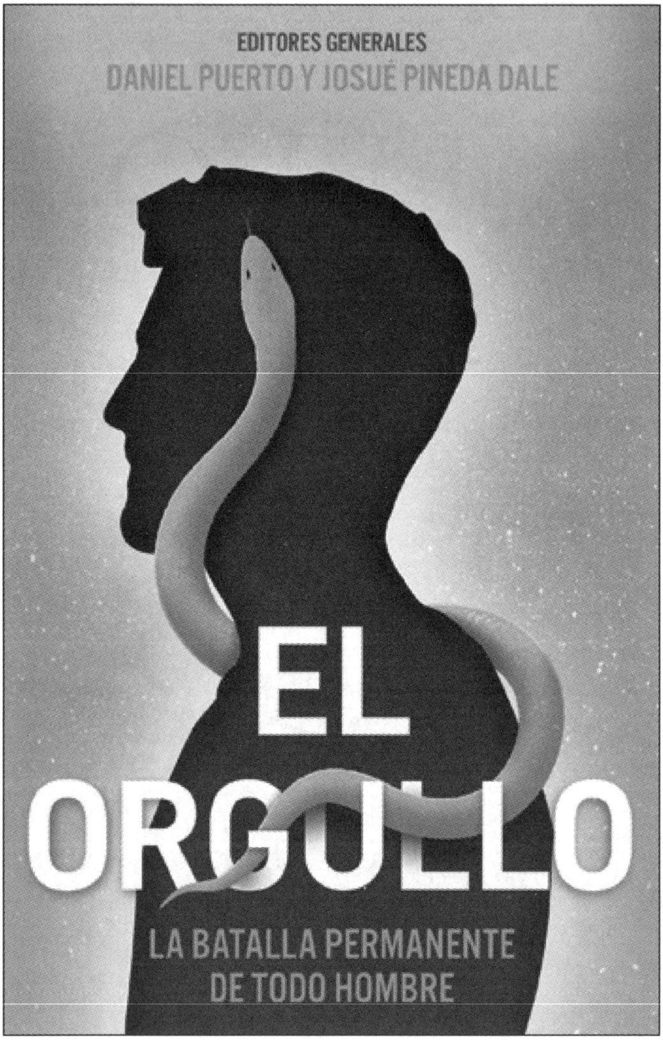

En un recorrido exploratorio de las Escrituras bajo la dirección de pastores, líderes y reconocidos profesores de seminarios y escuelas bíblicas originarios de y activos en diferentes países de Iberoamérica, conocerás en este volumen la perspectiva de Dios acerca del orgullo y su plan para neutralizarlo de manera efectiva. Los autores saben que la raíz de la mayoría de los problemas personales, ministeriales y matrimoniales se encuentra en el orgullo. También han comprobado en carne propia que la humildad es la receta de Dios para la armonía bíblica en las relaciones interpersonales y para la efectividad de la Iglesia al llevar a cabo su misión (Stg. 4:6-10).

El dominio propio es un tema clave para todo hombre creyente que desea vivir para la gloria de Dios. Este libro desafía a todo hombre cristiano a ejercer dominio propio. Dios, nuestro Padre soberano, nos invita con palabras dulces y asombrosas a acercarnos «con confianza al trono de la gracia para que recibamos misericordia, y hallemos gracia para la ayuda oportuna» (He. 4:16), incluso cuando reconocemos que nuestra vida ha estado fuera de control en alguna área.

EDITORIAL
PORTAVOZ

NUESTRA VISIÓN

Maximizar el efecto de recursos cristianos de calidad que transforman vidas.

NUESTRA MISIÓN

Desarrollar y distribuir productos de calidad —con integridad y excelencia—, desde una perspectiva bíblica y confiable, que animen a las personas a conocer y servir a Jesucristo.

NUESTROS VALORES

Nuestros valores se encuentran fundamentados en la Biblia, fuente de toda verdad para hoy y para siempre. Nosotros ponemos en práctica estas verdades bíblicas como fundamento para las decisiones, normas y productos de nuestra compañía.

Valoramos la excelencia y la calidad
Valoramos la integridad y la confianza
Valoramos el mérito y la dignidad de los individuos y las relaciones
Valoramos el servicio
Valoramos la administración de los recursos

Para más información acerca de nuestra editorial y los productos que publicamos visite nuestra página en la red: www.portavoz.com